Z. 173
Eg 32

L
✳
Ⓒ

11866
32

BIBLIOTHÈQUE
POUR TOUT LE MONDE
DIRECTEUR : AD. RIOU

HISTOIRE :
NAPOLÉON
1785—1821

PARIS,
PHILIPPART, LIBRAIRE
rue Dauphine, 24.

HISTOIRE
DE
NAPOLÉON

PAR

L. GIRAULT.

A PARIS,
CHEZ PHILIPPART, LIBRAIRE,
RUE DAUPHINE, 24,
ET CHEZ TOUS LES LIBRAIRES
DE LA FRANCE.
1850

HISTOIRE
DE
NAPOLÉON

INTRODUCTION.

Depuis huit siècles, une même famille régnait sur la France. Des années successives de gloire et d'abaissement, d'héroïsme chrétien et de persécution religieuse, de grandeur et d'oppression, de dépravation et de faiblesse, avaient préparé les événements qui devaient changer la face du monde.

Montaigne, La Béotie, Rabelais, Luther, et après eux, et plus éloquemment encore, les philosophes du dix-huitième siècle, avaient frappé les abus sur lesquels s'appuyait la monarchie. Ils avaient rendu plus vif au peuple le sentiment de ses souffrances, exalté celui de ses droits, et peint des plus suaves couleurs le bien-être d'un avenir d'indépendance dans lequel il brûlait de s'élancer.

Le prestige de la majesté royale et des titres avait lentement disparu, le frein de la religion s'était relâché, le désir du bien-être avait pénétré dans toutes les classes, et le revenu de l'État ne pouvant subvenir aux dépenses, il fallait donc se réfugier sous une autorité plus respectée, purifier des principes altérés, satisfaire des droits légitimes et diminuer les charges qui pesaient presque uniquement sur les masses. On résolut en 1787 de consulter la nation.

A l'Assemblée des notables, qui ne put rien faire, succéda l'Assemblée constituante : elle supprima les titres de noblesse, abolit les droits féodaux, établit une répartition plus équitable des impôts et limita la puissance royale.

L'Assemblée législative vint ensuite : elle essaya de mettre en harmonie les lois avec la Constitution, et, bientôt, succombant à la tâche et impuissante à soutenir l'édifice social qui s'écroulait, elle céda la place à la Convention.

Le premier acte de cette Assemblée fut d'abolir la royauté. L'infortuné Louis XVI paya de sa tête les fautes de ses prédécesseurs. Les conventionnels couvrirent la France d'échafauds, défendirent énergiquement le sol de la patrie, et se dévorèrent tour à tour; mais avant de disparaître, ils montrèrent au monde le mélange unique de la cruauté jointe au désintéressement, du despotisme pratique uni à l'amour d'une liberté sans limites.

Le Directoire, moins habile et plus dépravé, fit promptement sentir au peuple le besoin d'un pouvoir fort et tutélaire : les rayons d'une épée victorieuse suffirent pour le renverser.

Parmi les généraux d'élite que la révolution avait enfantés, et qui avaient, à force de courage, de talent et d'héroïsme, amnistié pour ainsi dire les crimes des démagogues, brillait un jeune homme né en Corse. L'écho de ses exploits retentissait des Alpes aux Pyramides. C'est le héros de cette rapide histoire : c'est Napoléon Bonaparte.

NAISSANCE DE NAPOLÉON.—SON ENTRÉE A L'ÉCOLE DE BRIENNE.
— IL EST NOMMÉ LIEUTENANT D'ARTILLERIE.

Dans l'année même de la réunion de la Corse à la France, Napoléon Bonaparte naquit à Ajaccio, le 15 août 1769. Son père avait fait partie, en 1776, d'une députation envoyée à Paris auprès du roi de France pour y soutenir les droits de la noblesse de l'île, et cette circonstance prouve qu'il jouissait d'une certaine considération.

Le jeune Bonaparte fut reçu à l'École militaire de Brienne, à la recommandation de M. de Marbois, gouverneur de la Corse, et y développa bientôt cette ardeur pour l'étude et pour la méditation solitaire qui ne l'abandonna jamais. La lecture des grands historiens de l'antiquité le délassait des études militaires et mathématiques.

Le succès de son examen pour l'artillerie le fit nommer lieutenant dans le régiment de La Fère, en 1785, et il n'avait que vingt ans quand la révolution française éclata. L'amour de la liberté, si ardent dans la jeunesse où tout est illusion, s'exalta dans son cœur par la pensée que le destin de sa patrie était désormais lié à celui de la France. Paoli, qui était alors en Angleterre, et avec lequel il entretenait une correspondance active, le fortifiait dans ces sentiments.

En 1772, Paoli, de retour dans sa patrie, fut nommé lieutenant général au service de France. La même année, le lieutenant d'artillerie obtint le commandement temporaire d'un des bataillons de gardes nationaux levés en Corse pour le maintien de l'ordre public.

Cette île était à cette époque agitée par le parti qui avait longtemps combattu le despotisme des Génois, et qui s'était toujours opposé à la réunion de la Corse à la France. Ajaccio était le foyer de cette opposition. Bonaparte fut obligé de diriger son bataillon contre la garde nationale de cette ville, et Pécalvi, chef des mécontents, l'accusa d'avoir provoqué le désordre qu'il avait à regret réprimé. Bonaparte se rendit à Paris, où il se justifia.

De retour à Ajaccio, il fut profondément affligé de trouver dans son protecteur naturel le chef d'une faction qui voulait rendre son pays indépendant de la grande nation qui pouvait seule le protéger. L'admiration qu'il avait eue jusqu'alors pour Paoli fut remplacée par la réserve, et l'opinion le sépara dès lors d'un homme qui se servait contre la France elle-même du pouvoir qu'elle lui avait confié.

Paoli, ayant été placé sur une liste de vingt-trois généraux qui devaient être arrêtés et jugés comme traîtres, leva, en 1793, l'étendard de la révolte. Il fut reconnu généralissime de tous les mécontents. Dès lors une rupture éclata entre Paoli et Bonaparte, et ce dernier, frappé par un décret de bannissement, parvint avec peine à se soustraire, lui et sa famille, à la vengeance de son ancien ami. Il débarqua à Marseille après une heureuse traversée.

Aussitôt son arrivée en France, il rejoignit le 4e régiment d'artillerie, en garnison à Nice, et il reprit son grade de lieutenant en premier. Au mois de juillet suivant, il fut nommé capitaine par droit d'ancienneté. C'était le temps de la terreur. La révolution dévorait ses propres enfants, et la liberté voyait ses plus anciens prosélytes payer de leur tête les sacrifices qu'ils avaient faits à la patrie.

Quatorze armées s'étaient formées au bruit du danger que courait la République, et, malgré la guerre civile et toutes ses horreurs, la nation était triomphante sur les champs de bataille.

REPRISE DE TOULON. — BONAPARTE GÉNÉRAL. — PREMIÈRE CAMPAGNE D'ITALIE.

Toulon venait d'être livré aux Anglais par les royalistes. La Convention résolut de reprendre cette ville à tout prix. Bonaparte fut envoyé au quartier général de Carteaux, qui était devant cette place. Les représentants du peuple Salicetti, Albitte et Barras, le nommèrent commandant de l'artillerie du siége, en remplacement du général Dutheil, qui était malade, et tous les travaux de cette opération furent confiés à sa direction. Il justifia pleinement le choix des représentants ; la brèche, vainement tentée jusqu'alors, est ouverte : Toulon est repris. Le même jour, Bonaparte fut nommé général de brigade, commandant l'artillerie de l'armée d'Italie. Mais à peine est-il arrivé à Nice qu'il fut arrêté par ordre des mêmes commissaires auxquels il devait son avancement.

La révolution du 9 thermidor venait de s'opérer, et le motif de l'arrestation du vainqueur de Toulon fut la liaison qui avait existé entre lui et Robespierre jeune, proscrit par cette révolution.

Quinze jours après, il fut rendu à la liberté, reprit ses fonctions, et la prise d'Oneille, du col de Trente et le combat de del Cairo, signalèrent les premiers succès de l'armée où il commandait.

Un instant sa carrière militaire fut arrêtée par le représentant Aubry, qui, jaloux de ses succès, voulut le faire passer au commandement de l'artillerie de l'ouest. Bonaparte refusa, et rentra dans la retraite. Mais le représentant Pontécoulant arracha le jeune général à la vie obscure en l'attachant au plan de campagne dont s'occupait le comité de la guerre. Letourneur, qui remplaça Pontécoulant à la direction des affaires militaires, fut moins favorable à Bonaparte. Isolé et négligé par le gouvernement, il se livra plus que jamais à l'étude. C'est à cette époque qu'il connut madame de Beauharnais.

Une révolution nouvelle vint tirer Bonaparte de la solitude où il languissait. Le 13 vendémiaire la plupart des sections de Paris se soulevèrent contre la Convention. Barras, qui avait été investi du commandement de la force armée, se souvint du siége de Toulon, et s'adjoignit le général Bonaparte. La Convention triompha, grâce aux savantes dispositions de Bonaparte, qui obtint en récompense le commandement de l'armée de l'intérieur, devenu vacant par la nomination de Barras au Directoire.

Ses liaisons avec madame de Beauharnais devinrent alors plus intimes, et il la vit souvent chez Barras, qui faisait les honneurs de la République. Cinq mois après, Bonaparte épousa Joséphine et obtint le commandement de l'armée d'Italie. Peu de jours après son mariage, 21 mars 1796, il partit pour Nice. Bonaparte avait alors vingt-sept ans.

Presque inconnu dans l'armée dont le commandement lui était confié, il s'attacha à étudier les hommes qui étaient placés sous ses ordres et à mériter leur estime. Quelques-uns, tels que Masséna, Augereau, La Harpe, avaient déjà fait la première campagne avec lui et obtenu son amitié.

L'armée était remplie d'ardeur et d'enthousiasme, mais dans un extrême dénûment, et elle avait affaire à un ennemi qui ne manquait de rien. Placée dans une position fausse et dangereuse, elle était de plus travaillée par l'indiscipline. Bonaparte apprécia cette situation critique et parla ainsi à ses soldats :

« Camarades, leur dit-il, vous manquez de tout au « milieu de ces rochers ; jetez les yeux sur les riches con- « trées qui sont à vos pieds ; elles nous appartiendront « par la victoire, allons en prendre possession. » Ces paroles électrisèrent la jeune armée.

Le but de l'invasion française était de séparer les armées piémontaise et autrichienne. Au moment où Bonaparte allait surprendre le point de jonction, il fut attaqué par Argenteau et Beaulieu. Il profita de ce mouvement pour fondre, à Montenotte, sur Argenteau, avec toutes ses forces, et le rejeta sur le Dégo et le Pacello. En apprenant ce désastre, Beaulieu abandonna sa position.

Bonaparte défit Argentau à Dégo et Provera. Il battit les Piémontais à Mozambo, et les dispersa à Mondovi. Le résultat de cette victoire fut la séparation des deux armées, l'occupation de la place qu'elles occupaient, la prise de quarante pièces de canon, et la mise hors de combat de douze mille Autrichiens. Le roi de Sardaigne demanda la paix; les troupes autrichiennes évacuèrent son territoire, et il fut occupé par nos armées.

La seconde campagne s'ouvrit dans la Haute-Italie, où la puissance autrichienne était attaquée sur son propre terrain. Bonaparte, maître d'une armée que la gloire avait disciplinée, trace déjà un plan de campagne qui menace en Italie la maison d'Autriche. Il se porte sur Plaisance, passe le Pô, marche sur Lodi, qu'il enlève malgré le feu meurtrier de la mitraille. Masséna et Berthier se distinguèrent particulièrement dans cette bataille.

La prise de Lodi donna la Lombardie à la République; mais l'invasion en Allemagne par le Tyrol ne pouvait s'effectuer que par la prise de Mantoue. Bonaparte combina cette invasion avec l'action des deux armées françaises du Rhin, et la prise de Crémone compléta huit jours après la bataille de Lodi.

Le jour où Bonaparte faisait son entrée solennelle à Milan, le Directoire signait à Paris le traité qui enlevait au Piémont la Savoie, Nice, Tende, et qui remettait toutes les places fortes au pouvoir de l'armée française. C'est de cette époque que date la suprématie que Bonaparte va prendre sur les opérations de la guerre et sur les affaires politiques de son pays.

Il s'établit à Milan, où il pousuivit l'exécution du traité avec le Piémont, prépara ceux de Rome et de Naples, et termina celui du duché de Parme, tandis qu'il pressait l'investissement du château de Milan, et donnait toute sa pensée au siége de Mantoue.

On ne pouvait conquérir la Haute-Italie qu'après la prise de cette ville, et on ne pouvait la prendre qu'avec de la grosse artillerie. La reddition du château de Milan en fournit ; mais Beaulieu avait eu le temps de jeter dans Mantoue une garnison de treize mille hommes, et trente mille Autrichiens de l'armée du Rhin étaient en marche pour la secourir. Wurmser paraît à la tête de trente mille hommes pour la délivrer. Bonaparte, qui n'avait que quarante mille hommes, entreprend une campagne qui devait à jamais illustrer l'armée et son chef. Après des combats de géant, Mantoue, dont la défense coûta quarante-cinq mille hommes à l'Autriche et six cents bouches à feu, l'imprenable Mantoue capitula.

Ainsi, en moins d'une année, Bonaparte, qui comptait à peine vingt-huit ans, détruisit quatre armées autrichiennes, donna à la France une partie du Piémont, fonda deux républiques en Lombardie, et conquit toute l'Italie, depuis le Tyrol jusqu'au Tibre. La France et l'Europe eurent dès lors les yeux fixés sur l'homme qui venait d'accomplir tant de prodiges, et le Directoire lui commanda de poursuivre ses conquêtes et de menacer la capitale de l'Autriche ; il prit en même temps des mesures pour faire coïncider les opérations de l'armée du Rhin avec celles de l'Italie.

Etonnée par la prise de Mantoue, et se voyant menacée dans ses Etats, l'Autriche opposa à Bonaparte un prince de sa maison illustré par de récentes victoires. Mais l'armée d'Italie, à laquelle s'étaient réunies les divisions Bernadotte et Delmas, triompha des efforts de l'archiduc, qui perdit en vingt jours le quart de son armée, et fut obligé de se retirer sur Sainte-With et sur la Muhr, abandonnant Klagenfurth et la Drave. Le vainqueur arriva bientôt lui-même à Klagenfurth, et poursuivait sa marche victorieuse, tandis que de son côté Masséna forçait les défilés de Neumarck et enlevait les positions d'Hundsmarck. Une bataille décisive allait prononcer entre la maison d'Autriche et la France, lorsque deux généraux autrichiens arrivèrent au quartier général français pour négocier. Un armistice fut accordé, et le 18 avril 1797, à Léoben, Bonaparte dicta les préliminaires de la paix.

Tandis que Napoléon imposait ses conditions à l'Autriche, Venise se révoltait. Tous les Français cantonnés dans cette ville furent massacrés; mais le triomphe de la cour de Vérone ne fut que momentané : les troupes françaises se répandirent aussitôt sur toutes les terres de la république; la révolte fut bientôt comprimée et l'ordre rétabli.

Le 17 octobre 1797, Bonaparte conclut avec l'Autriche le traité de *Campo-Formio*, par lequel cette puissance renonçait, en faveur de la république française, à ses droits sur les Pays-Bas, et reconnaissait l'indépendance de la république cisalpine.

Le 1er décembre, après avoir passé la revue de son armée, il partit pour Paris, où il était attendu par la reconnaissance de ses concitoyens.

Le 10 décembre, il remit aux chefs de la République, au milieu d'une fête brillante, et en présence des représentants de presque toutes les puissances de l'Europe, le traité qu'il venait de conclure. Cette cérémonie électrisa tous les cœurs, et l'enthousiasme qu'elle produisit excita les alarmes du Directoire. Pour éloigner un conquérant dont la puissance balançait la sienne, et pour faire une diversion puissante en Europe, il forma le projet d'attaquer l'Angleterre dans ses possessions des Indes orientales, ou au moins de détruire son commerce par l'occupation de l'Egypte. Cette dernière campagne plut au génie aventureux de Bonaparte, et il consentit à en diriger l'expédition.

Le plus profond secret fut gardé sur la destination des cinquante mille hommes qui étaient rassemblés sur les côtes de la Méditerranée. Une flotte fut bientôt prête à transporter l'armée, et plusieurs escadres reçurent l'ordre de se réunir à elle.

CAMPAGNE D'ÉGYPTE.

Le 19 mai 1798, Bonaparte sortit de Toulon avec une flotte composée de cent quatre-vingt-quatorze voiles, une armée de dix-neuf mille hommes, et deux mille savants, littérateurs et artistes, chargés de recueillir tout ce qui pouvait intéresser les arts et les diverses branches des sciences. Le général français eut la plus heureuse traversée jusqu'à Malte, força cette ville, puis débarqua le 1er juillet 1798 à Alexandrie, dont il s'empara après une vive résistance.

L'amiral Brueys reçut l'ordre de conduire la flotte à Aboukir, et l'escadre d'entrer dans le vieux port d'Alexandrie, ou, s'il le pouvait, de cingler vers Corfou, afin d'échapper aux Anglais.

Les généraux reçoivent le commandement d'opérer différents mouvements combinés, et le 22 mai, l'armée est sous les murs de Rahmanié. Elle arrive bientôt sur les bords du Nil, et c'est près de ce fleuve qu'elle est attaquée par les mameluks, que Desaix mit dans une déroute complète.

Le général en chef accorda quelques jours de repos aux soldats, et après l'arrivée de la flottille ils se remirent en marche. L'ennemi ne tarda pas à être culbuté de nouveau, après un engagement qu'il eut avec la flottille sous les ordres de Duperré. Bonaparte, prévenu par la canonnade, s'élança sur le village de Chebries, qu'il emporta, et tailla en pièces le corps des mameluks, qui se replia sur le Caire.

Le 21 juillet 1798 eut lieu la bataille des *Pyramides*. Bonaparte, saisi d'un noble enthousiasme à l'aspect de ces immenses tombeaux des Pharaons, qui avaient survécu à l'empire des Egyptiens, s'écria, en les montrant à son armée : « Soldats, songez que du haut de ces monu- « ments, quarante siècles vous contemplent ! » Embabé fut enlevé à la baïonnette, et ce combat coûta aux Egyptiens trois mille mameluks, quarante pièces de canon, quatre cents chameaux et tous les trésors. Peu après, il apprit que le 1er août la flotte française avait été détruite par Nelson dans la rade d'Aboukir. « Eh bien, dit-il, il faut « vaincre ou périr ; rester dans ces contrées ou en sor- « tir grands comme les anciens. » Bientôt le Caire est envahi : Bonaparte y fait son entrée solennelle, et y établit son quartier général. Aussi grand administrateur et bon politique qu'illustre général, il sentit bientôt qu'il ne suffisait pas de détruire les armées qu'on lui opposait, mais qu'il fallait gagner la confiance du peuple et organiser sa conquête. Non-seulement il établit la plus sévère discipline dans son armée, mais les villes soumises à sa puissance furent administrées avec une régularité et un sentiment de justice qui leur étaient inconnus : on commença même des travaux d'utilité publique qui ont survécu à la conquête. Bien plus, entouré de son état-major, il assista solennellement à la cérémonie qui eut lieu à l'anniversaire de la naissance de Mahomet, et prouva ainsi aux Égyptiens qu'il savait respecter leurs usages et leur antique croyance.

Cependant il n'en eut pas moins à lutter contre des adversaires redoutables, Mourad et Ibrahim, dont les émissaires cherchaient à soulever le peuple contre le conquérant. Quelques provinces se mutinèrent, et l'armée française se vit contrainte de repousser la force par la force.

Une révolte éclata au Caire ; beaucoup de Français furent égorgés ; mais on força bientôt les portes de la ville, et on refoula les rebelles dans une mosquée. Le général leur fit offrir un pardon généreux. Sur leur refus, les portes furent enfoncées, et on en fit un horrible carnage. Les principaux instigateurs furent fusillés ; un gouvernement militaire remplaça le divan.

L'ordre rétabli, Bonaparte s'applique ensuite à rechercher avec quelques savants les traces du canal auquel Sertorius avait donné son nom. Mais il apprend que le pacha Djezzar a pris les armes, et que son avant-garde occupe déjà un fort situé sur les frontières de l'Egypte. Une expédition en Syrie est résolue, et bientôt les corps des généraux Kléber, Lannes, Régnier, Murat, sont mis en mouvement.

Pendant ce temps, les Anglais attaquaient Alexandrie. Bonaparte juge que ce n'est qu'une ruse pour l'empêcher de marcher sur la Syrie; il part, et arrive à El-Brich le lendemain d'une victoire remportée par Régnier sur les Arabes. Deux jours après, il se rend maître de la ville, et se dirige ensuite sur Gazza et sur Jaffa, qui est défendue par une forte garnison. Cette ville est emportée d'assaut et la garnison passée au fil de l'épée. Bientôt la peste se manifeste et fait périr des braves que la mort avait respectés sur le champ de bataille.

L'armée se dirige bientôt sur Saint-Jean-d'Acre. Elle s'empare de Kaiffer, de Nazareth et de la ville de Four (ancienne Tyr). Mais une partie de l'Asie s'est soulevée, et les populations accourent des rives de l'Euphrate pour combattre les Français. D'un autre côté les flottes ennemies couvrent la mer et portent une armée destinée à la défense de la Syrie. Des corps s'organisent à Rhodes et doivent se porter sur l'Égypte contre Desaix. La prise de Saint-Jean-d'Acre est désormais l'ancre de salut des Français; mais leur artillerie de ligne est en retard, et c'est vainement qu'ils donnent l'assaut à la place. Après cet échec, Bonaparte se porte sur le mont Thabor, où Kléber n'a que vingt mille hommes à opposer à quatre-vingts. Le général en chef, par une marche savante, coupe sur tous les points l'armée de Damas; lui tue plus de cinq mille hommes et s'empare de tous les bagages.

Les soldats commençaient à prendre quelque repos, lorsqu'on apprit la descente de Mourad-Bey de la Haute-Égypte avec une forte armée. Bonaparte court l'attaquer. Il marche sur Aboukir, et en peu de temps il détruit l'armée du pacha de Romélie.

Le but de la campagne était à peu près rempli. Bonaparte avait appris par ses émissaires la situation déplorable de la France et l'impéritie de son gouvernement;

il quitte l'Égypte, remet le commandement à Kléber, et le 9 octobre 1779, il débarque à Fréjus.

RÉVOLUTION DU 18 BRUMAIRE.

L'arrivée de Bonaparte à Paris y excita un enthousiasme universel; chacun crut voir en lui l'homme le plus capable de faire triompher le parti qu'il embrasserait. L'habile général, ne voulant rien risquer, commença par s'assurer de l'appui du Conseil des Anciens, qui décida que le conseil des Cinq-Cents tiendrait ses séances à Saint-Cloud, et que Bonaparte aurait le commandement de toutes les troupes de la division militaire dont Paris était le chef-lieu.

Le général rassembla au Champ-de-Mars tous les régiments et les passa en revue; il leur parla avec chaleur et indignation de l'impéritie du Directoire, et leur fit entendre que le salut de la République dépendait désormais d'eux seuls : les soldats répondirent par des acclamations réitérées.

Dès le matin du 18 brumaire (9 novembre 1799), les troupes avaient occupé Boulogne, Sèvres, et toutes les petites communes des environs. A deux heures, le corps législatif était réuni dans la salle de l'Orangerie de Saint-Cloud : la plus grande agitation régnait parmi les députés. On venait de décider que chacun prêterait individuellement serment de *maintenir la Constitution et de s'opposer à l'établissement de toute espèce de tyrannie.*

La porte de l'Orangerie s'ouvrit, et l'on vit entrer le général Bonaparte tête nue et accompagné de quatre grenadiers.

A la vue du général et de ses soldats, les mots : *A bas le tyran ! à bas le dictateur ! hors la loi le nouveau Cromwell !* sortent de toutes les bouches. Les députés prennent une attitude menaçante; mais tout à coup on entend crier : *Sauvons le général !* et Lefebvre paraît à la tête de quelques soldats, qui enlèvent Bonaparte.

Lucien, président de l'Assemblée, cherche vainement à ramener l'ordre. On veut le contraindre à mettre aux voix le décret de mise hors la loi de son frère; mais il abdique la présidence, et des grenadiers envoyés par Bonaparte pénètrent dans la salle et l'enlèvent de son siége. En sortant, il monte à cheval, se met à la tête des troupes, et leur dit de ne reconnaître pour législateurs que ceux qui se rendront près de lui.

Après la dissolution du Conseil des Cinq-Cents, un nouveau Conseil est formé, soixante-un membres du premier sont exclus, et ce Conseil improvisé, de concert avec celui des Anciens, abolit le gouvernement dictatorial, et le remplace par une *Commission consulaire exécutive*, composée de Sieyès, Roger-Ducos et Bonaparte.

Sous le titre de premier consul, déféré à Bonaparte, il était réellement le chef de ses collègues et souverain de l'État. Ainsi s'établit sans effusion de sang la célèbre révolution du 18 brumaire.

La force succéda à la force; mais elle se fit amnistier par la sécurité qu'elle fit renaître, par la gloire, par le génie.

CONSULAT.

SECONDE CAMPAGNE D'ITALIE. — MARENGO.

(Du 9 novembre 1799 au 18 mai 1804.)

Les revirements perpétuels dans le pouvoir, l'instabilité du gouvernement, les discordes, les tiraillements qui en sont la suite, étaient devenus intolérables : les plus vives espérances se rattachaient au gouvernement consulaire.

Bonaparte s'occupa activement de rétablir l'ordre dans toutes les parties de l'administration : la loi des otages et de l'emprunt forcé fut abolie; les prêtres eurent la liberté de rentrer en France et de reprendre les fonctions de leur culte. Tous les individus déportés sans jugement légal furent rappelés en France ; plus de cinquante mille émigrés, rayés des tables de proscription, doivent au premier Consul le bonheur de revoir leur patrie. La Vendée est entièrement pacifiée en 1800. On supprime les fêtes révolutionnaires, entre autres celle de l'anniversaire du supplice de Louis XVI.

Cependant l'Autriche refusa de négocier avec le premier Consul, et l'or de l'Angleterre mit les armes à la main aux Bavarois et aux Turcs. L'armée d'Italie était tombée en l'absence de Bonaparte dans le dénûment, et la France avait perdu toutes les conquêtes qu'elle avait faites.

A la voix du premier Consul, une armée de quarante mille hommes se forme comme par enchantement. Une rupture éclate pendant ce temps entre l'Autriche et la Russie. L'armée se dirige sur Dijon, et détourne ainsi l'attention qui se porta sur le Var, menacé d'une invasion de cent cinquante mille hommes, tandis que la France n'avait à lui opposer que vingt-cinq mille hommes sous les ordres de Masséna.

Le détroit de la Suisse, entre le Rhône et le Rhin, renferme tout le mystère de la campagne qui va s'ouvrir. De Paris, le premier Consul transmet tous les ordres, et c'est par suite de ces mesures que les différents généraux triomphent de l'ennemi.

Moreau bat ses adversaires dans différentes rencontres, et il parvient à opérer un mouvement sur l'arrière-garde de Kray, qui se trouve tout à coup isolé de Mélas, par l'occupation subite des défilés de la Forêt Noire.

Pendant ce temps, l'armée de Dijon marche sur Genève, et le premier Consul ne tarde pas à se diriger sur cette ville, d'où il va porter la guerre sur le Pô, entre Milan, Gênes et Turin, Il franchit à travers mille obstacles le mont Saint-Bernard, et Mélas était encore sur le Var quand les Français descendaient les revers du Saint-Bernard, du Simplon et du mont Cénis. Ce mouvement était combiné avec ceux de Moreau, qui pendant ce temps occupait Kray devant Ulm, et de Masséna, qui reprenait les forts de Gênes que foudroyait la flotte anglaise.

La chaine des Alpes est franchie, et le jour même la ville d'Aoste est enlevée par l'avant-garde ; les Croates sont rejetés sur la forteresse de Bard, et dix jours après le fort est au pouvoir des Français. Le défilé le plus redoutable est franchi ; Yvrée et la citadelle sont emportés, et au passage de la Chuisella, une partie de l'armée de Mélas est culbutée par Bonaparte, qui s'ouvre en vainqueur les plaines du Piémont. Le lendemain, il établissait son quartier général à Pavie.

Mélas rassemble tout de suite son armée entre le Pô et le Tanaro ; le 12 juin, les corps de Lannes, Desaix et Victor vont border la Scrivia. La Poype va rejoindre Desaix, pendant que le reste de l'armée française bloque et contient les divers corps autrichiens dans la Lombardie.

Bonaparte s'avance dans les plaines de San-Guiliano,

repousse sur la Bormida cinq mille hommes établis à Marengo, et, ne pouvant s'emparer de la tête du pont, il prend position entre Marengo et cette rivière.

Le 14 juin 1800, au matin, l'armée autrichienne, forte de cinquante mille hommes, débouche au travers du défilé du pont de la Bormida ; l'armée française ne comptait que vingt-cinq mille hommes. Victor fut vigoureusement attaqué. Lannes paraît en ligne, mais il est entraîné par la retraite de sa gauche.

Le combat s'engage bientôt généralement : Desaix, qui arrive en courant au secours de l'armée qui ployait, tombe frappé d'une balle, et meurt en héros. Mais cette mort double le courage de la division. Enfin, la ligne de Mélas est enfoncée ; néanmoins il veut tenir à Marengo, et l'armée française le poursuit jusqu'à dix heures : le combat avait commencé dès l'aurore.

La bataille de *Marengo* décida pour le moment du sort de l'Italie. Le Piémont, la Lombardie, la Ligurie subirent la domination française. Mélas ne conserva que Mantoue. Bonaparte acheva d'organiser la république Cisalpine et le Piémont, et fit de ces riches contrées de puissants auxiliaires pour la France.

Après avoir conclu les préliminaires de la paix, Bonaparte partit pour Paris, laissant le commandement de l'armée à Masséna, et celui de Gênes à Suchet. Murat reçut l'ordre d'aller rétablir le pape, que les circonstances avaient forcé de descendre du trône pontifical. Pendant ce temps, Moreau battait les Autrichiens, et forçait Kray à suivre l'exemple de Mélas.

Bonaparte fut reçu à Paris avec enthousiasme. La nation voyait en lui un génie conservateur qui lui donnait à la fois la gloire, le calme et la liberté. Cette époque fut la plus belle de sa vie.

La gloire des armes ne lui fit point négliger les affaires de l'intérieur. L'ordre judiciaire fut organisé sur des bases nouvelles ; la religion, désormais séparée de la politique, reprit son ancien lustre ; les arts, l'industrie, les sciences et la littérature firent tous les jours de nouveaux progrès.

Mais qu'importait le bonheur de la France à ces hommes qui sacrifieraient l'univers au triomphe de leurs opinions personnelles! La *machine infernale* devait les délivrer du premier Consul : elle éclata dans la rue Saint-Nicaise (24 décembre 1800); mais il échappa à cette terrible explosion, qui coûta la vie à un grand nombre de personnes, et fit persécuter quelques innocents.

Cependant les conventions signées par Berthier et Moreau avec les généraux autrichiens venaient d'être annulées. Kray et Mélas avaient été destitués, et l'archiduc Ferdinand s'avançait à la tête de l'armée d'Allemagne, forte de cent cinquante mille hommes. Moreau lui fut opposé.

L'armée d'Italie, dont l'Autriche menaçait également la France, était forte de quatre-vingt mille hommes, commandés par Bellegarde. Brune fut envoyé contre elle. Macdonald reçut le commandement de l'armée de réserve.

Pendant que ce général franchissait l'impraticable Splugen, Moreau remportait une grande victoire sur l'archiduc Ferdinand, qui fut obligé de se replier sur Vienne à marche forcée.

L'Autriche confia la défense de sa capitale à l'archiduc Charles, disgracié depuis le traité de Campo-Formio; mais Moreau le mit hors d'état de s'opposer à son entrée dans Vienne. Un armistice fut alors accordé à l'Autriche moyennant la cession du Tyrol, qui mit l'armée de Moreau en communication avec celle de Macdonald. Dans le même temps, Brune poursuivait Bellegarde, et ne consentit à traiter avec lui qu'après la cession de Mantoue.

L'année 1801 fut remarquable par la promulgation d'un concordat entre le pape et le premier Consul, et surtout par le traité de Lunéville, qui assura à la France la possession de tous les États de la rive gauche du Rhin, et donna l'Adige pour limites à l'Autriche. Cette puissance reconnut par le même traité l'indépendance des républiques Cisalpine, Batave et Helvétique. Le premier Consul donna la Toscane à l'Espagne en échange du duché de Parme; il obtint la clôture des ports de ce royaume aux Anglais et l'île d'Elbe.

Les Etats du Saint-Père furent affranchis par Murat. La coalition européenne se composait alors de la Porte, de l'Angleterre et du Portugal.

Occupé constamment du soin d'affaiblir la prépondérance de la Grande-Bretagne, Bonaparte offrit la paix au Portugal, à la condition qu'il fermerait ses ports à l'Angleterre. Le Portugal répondit en faisant marcher quinze mille hommes sur l'Espagne; mais il ne put résister au prince de la Paix, et le prince régent fut obligé de signer le traité qu'il venait de rejeter.

L'Angleterre était donc le seul ennemi qui restât à combattre, et elle était devenue d'autant moins redoutable que Paul Ier, empereur de Russie, était convenu d'unir ses flottes à celle de la France pour affranchir les mers de la domination anglaise. La Suède, l'Espagne et le Portugal, entraient aussi dans cette coalition.

On dit même que l'empereur de Russie et le premier Consul avaient l'intention d'attaquer l'Angleterre dans sa partie la plus vulnérable, c'est-à-dire d'envahir les Indes, tandis que l'expédition agirait contre les Anglais. La mort violente de Paul Ier sauva peut-être l'Angleterre.

Cependant, le premier Consul n'en poursuivit pas moins ses projets. Mais tandis qu'il s'occupe des préparatifs de l'expédition, il apprend qu'une flotte anglaise se rassemble aux îles Baléares pour coopérer à la délivrance de l'Egypte. Il envoie aussitôt une armée sous les ordres du contre-amiral Gantheaume pour assurer le salut de celle de l'Egypte; malheureusement cette expédition n'eut pas de succès. Les débris de cette armée reparurent en France six semaines après : de quarante mille hommes, vingt mille seulement revirent leur patrie. L'armée d'Egypte, abandonnée à elle-même, fut forcée de capituler. Sur ces entrefaites, Nelson fit une tentative sur Boulogne, dans le dessein de brûler la flotte qui menaçait son pays.

Le premier Consul, qui à défaut de l'appui de la Russie s'était allié avec l'Espagne, le Portugal, la Bavière et le pape, fit de nouvelles ouvertures de paix à l'Angleterre. Cette puissance, se voyant abandonnée de l'Europe, consentit à déposer les armes, et la paix fut conclue à Amiens, le 25 mars 1802.

La joie fut universelle dans toute la France. Après les émotions de la terreur, de la guerre civile et des champs de bataille, le peuple désirait le repos et la sécurité.

Le premier Consul ne resta pas inactif pendant ces jours d'allégresse; il poursuivit son plan de régénération intérieure et sociale. L'instruction publique refleurit; l'École Polytechnique fut réorganisée; l'Institut ressuscita les anciennes académies; la Légion d'honneur fut instituée; de grands travaux pour les routes, les canaux, les places fortes, les ports furent entrepris; enfin Bonaparte fit commencer la rédaction du *Code civil*, approprié aux mœurs et aux besoins de la nouvelle France, et pris depuis pour modèle par la plupart des nations de l'Europe. En s'occupant de rendre au pays le repos et la prospérité, Bonaparte consolidait en même temps son pouvoir : ce fut ainsi qu'il élimina des deux assemblées les membres qui lui étaient opposés. Nommé Consul pour dix ans le 6 mai 1802, il devint Consul à vie le 2 août suivant; mais bientôt ce titre ne devait plus lui suffire.

L'occupation de l'île d'Elbe, du Piémont, de la Suisse, des États de Parme, qui subirent successivement la loi de la France, fit ombrage à l'Angleterre; elle s'en plaignit au premier Consul, comme d'une infraction au traité d'Amiens, et demanda Malte pour dix ans. Bonaparte ne voulut point souscrire à cette demande, et les hostilités recommencèrent.

En huit jours l'armée française fit la conquête du Hanovre. Toute l'armée anglaise se vit forcée de déposer les armes et de se rendre à la discrétion des vainqueurs.

Une vaste conspiration, dans laquelle étaient impliqués Moreau, Pichegru, Georges Cadoudal, etc., attira presque au même instant l'attention publique.

Moreau reçut un ordre de bannissement, Pichegru n'attendit point qu'on ordonnât son supplice, et Cadoudal fut seul exécuté.

En 1804, le duc d'Enghien, arrêté dans le duché de Bade contre le droit des gens, sous prétexte qu'il prenait part aux conspirations ourdies contre le premier Consul, fut livré à une commission militaire, qui le fit fusiller durant la nuit dans les fossés de Vincennes. Humainement, ce fut un crime; politiquement, une faute; dans la postérité, une tache.

Ce fut dans ces circonstances que le sénat fit parvenir au premier Consul une adresse qui se terminait ainsi :

« Vous êtes pressé par le temps, par les conspirateurs, « par les ambitieux; vous l'êtes dans un autre sens par « l'inquiétude qui agite tous les Français; vous pouvez « enchaîner le temps, maîtriser les événements, mettre « un frein aux conspirateurs, désarmer les ambitieux, « tranquilliser la France entière, en lui donnant des in- « stitutions qui cimentent notre édifice social, et prolon- « gent pour les enfants ce que vous fîtes pour les pères.

« Dans les villes, dans les campagnes, si vous inter- « rogiez tous les Français l'un après l'autre, il n'y en a « aucun qui ne vous dît, ainsi que nous : « Grand homme, « achevez votre ouvrage en le rendant immortel comme « votre gloire. Vous nous avez tirés du chaos passé, vous « nous faites bénir les bienfaits du présent, garantissez- « nous l'avenir. »

Le premier Consul céda sans peine au vœu du sénat qu'il avait dicté, et il fut proclamé empereur des Français le 18 mai 1804, sous le nom de Napoléon Bonaparte.

NAPOLÉON EMPEREUR.

(De 1804 à 1815.)

Un grand acte de clémence signala les premiers jours de l'empire. Parmi les quarante-sept complices de Georges Cadoudal, dix-sept avaient été condamnés à mort; huit reçurent leur grâce : de ce nombre était Armand de Polignac. L'impératrice Joséphine joignit ses larmes à celles de madame de Polignac. « Je puis pardonner à « votre mari, dit Napoléon, car c'est à ma vie qu'on en « voulait. »

La France et l'Europe applaudirent à ce grand acte de générosité, et l'Autriche, l'Espagne et Rome reconnurent le nouveau souverain.

Le 1er décembre 1804, le sénat présente à Napoléon le vœu du peuple pour l'hérédité de l'empire dans sa famille. Sur 3,575,000 votants, 2,570 votes furent seuls négatifs.

Le lendemain eut lieu la cérémonie du sacre dans l'église Notre-Dame. Aussitôt que Pie VII eut béni la couronne, Napoléon la saisit, la place sur sa tête et couronne aussi l'impératrice. Cette scène est d'hier, et elle n'est déjà plus de notre âge.

Napoléon cherchait à assurer le maintien de la paix. Il écrivit au roi de la Grande-Bretagne afin de l'engager à ne point rompre la bonne intelligence qui existait entre toutes les puissances de l'Europe, en lui disant qu'il serait responsable du sang qui allait être versé.

Mais le cabinet de Saint-James n'eut aucun égard à cette considération, et préludait à la guerre en faisant détruire par ses flottes quelques vaisseaux marchands dans les ports de l'Espagne.

Suivant le traité fait avec cette dernière puissance,

Napoléon lui demanda cinq mille hommes d'embarquement et trente vaisseaux de ligne. Ces forces, réunies à celles de l'empire, présentèrent une masse de cent quatre-vingt-treize mille hommes, soixante-neuf vaisseaux de ligne, et plus de deux mille bâtiments de transport, armés et prêts à faire voile pour la Tamise.

Mais au milieu des immenses préparatifs que Napoléon multipliait pour triompher de l'Angleterre et la forcer à la paix, l'Italie vint lui offrir la couronne de fer. Napoléon l'accepte, se rend à Milan avec l'impératrice, et y fait son entrée au milieu de l'enthousiasme général.

Le couronnement a lieu, et le 8 juin Eugène Beauharnais est proclamé vice-roi d'Italie. Le 9, Gênes demande son union à la France. Napoléon y consent, et la fait diviser en trois départements. Après avoir reçu les félicitations du Saint-Siége, de Naples et du Portugal, l'empereur quitte Milan pour visiter le théâtre de ses exploits, et se hâte de revenir à Paris.

Pendant ce temps, l'Angleterre et la Russie s'unissaient par un traité. Cette dernière puissance s'engageait à fournir une armée pour reprendre le Hanovre, affranchir la Hollande et la Suisse, faire évacuer Naples, rétablir le roi de Sardaigne sur son trône, et donner à l'Autriche une frontière en Italie. Cette dernière puissance entra dans la coalition, et le 9 août 1805, quatre-vingt mille hommes commandés par l'archiduc Ferdinand et le général Mack sont mis en mouvement contre la France, pendant que le prince Charles prend position dans le Tyrol avec trente mille soldats.

Napoléon apprend ces mouvements au camp de Boulogne, et il donne sur-le-champ le nom d'*armée d'Allemagne* à l'*armée d'Angleterre*. Le même jour il chargeait le général Duroc d'aller s'assurer à Berlin de la neutralité du roi de Prusse. Cette mission eut un plein succès. Une armée de cent mille hommes, commandée par le roi lui-même, devait garantir la neutralité armée de la Prusse.

Alors, Napoléon envoie quatre-vingt-dix mille hommes vers l'Autriche, et un mois après sept corps d'armée paraissent sur la rive droite du Rhin. Ces corps sont commandés par les meilleurs généraux de la France, et un huitième corps est composé de la garde impériale. Une grande réserve de cavalerie, commandée par Murat, marche également sur le même point.

Napoléon entre en Allemagne à la tête de cent soixante mille hommes; Masséna, à la tête de soixante mille braves, soutenus par vingt mille hommes de l'occupation de Naples, marche contre l'archiduc Charles.

Le 2 octobre, Oudinot, Murat et Lannes ont détruit, à Wertingen, une division autrichienne. Le lendemain, l'archiduc Ferdinand est défait, et Soult s'empare d'Augsbourg. Bernadotte est maître de Munich. Le 12 et le 14, pendant que Ney foudroie l'ennemi à Elchingen, Soult fait capituler Menningen. Le 16, Murat fait trois mille prisonniers devant Langeneau, et le général Mack capitule dans Ulm le 20. Lannes entra dans Braunau le 25, et Bernadotte à Salzbourg le 30. Davoust est dans la haute Autriche. Masséna a battu un corps autrichien, et le force à capituler. L'archiduc Charles fuit devant lui. Ney est à Inspruck et à Hall : il a mis aussi en fuite l'archiduc Jean, qui commandait le Tyrol. Le 10, Davoust détruit le corps de Merfeld à Mazienzell, pendant que Marmont s'empare de Léoben. Le 11, après un combat contre l'arrière-garde russe, Mortier rejoint l'armée du Rhin. Enfin, le 13, les Français entrent en vainqueurs dans Vienne. Le 19, Napoléon a son quartier général à Wischaw ; mais cette position est dangereuse, il se porte vers la Moravie, et s'arrête près d'un village qu'une grande bataille va illustrer.

Le 2 décembre, à *Austerlitz*, village de la Moravie, se donne la bataille des trois empereurs. Les Russes et les Autrichiens ont cent mille hommes sur le terrain, les Français quatre-vingt-dix mille. La force de l'artillerie est égale des deux côtés ; la supériorité numérique de la cavalerie est pour l'armée austro-russe. Celle-ci, malgré l'avantage du nombre, est frappée de terreur ; elle voudrait attendre une troisième armée russe, mais elle a affaire à un ennemi qui sait son secret, et qui la force à un engagement général. Le jour est levé avec la bataille, et la nuit la termine.

L'armée russe est foudroyée sur un lac de glace : elle n'oubliera pas la guerre des frimas ! Soult décide du sort de cette grande journée, où combat l'élite de nos généraux, Lannes, Bernadotte, Davoust, Murat, Junot, Oudinot, Rapp.

Le résultat de cette incroyable victoire fut immense. Napoléon était à l'apogée de sa gloire. Le lendemain, l'empereur d'Autriche vint demander la paix au vainqueur. Napoléon accorde un sauf-conduit à l'empereur de Russie pour son armée, qui avait perdu trente mille hommes, quarante-cinq drapeaux et tout son matériel.

Le 15 décembre, Napoléon cède le Hanovre à la Prusse, et se fait donner en échange le pays d'Anspach, Clèves, le duché de Berg, dont il dote Murat, et la principauté de Neufchâtel, qu'il donne à Berthier.

Le 26, un traité signé à Presbourg reconnaît Napoléon roi d'Italie, et unit à ce royaume la Dalmatie, Venise et l'Albanie ; et le 27 l'Empereur proclame son frère Joseph roi de Naples, marie le prince Eugène avec la fille du nouveau roi de Bavière, et le déclare son successeur au trône, s'il meurt sans postérité.

Le 28 janvier 1806, l'Empereur rentra à Paris. En moins d'une année il avait dispersé les forces réunies de trois puissances, créé deux royaumes, placé un de ses frères sur le trône de Naples, et distribué à ses généraux une partie de l'empire germanique.

Cependant une quatrième coalition se forme. La Prusse renonce à la neutralité ; elle ouvre même ses ports aux Anglais.

La Russie, plus prudente, refuse d'abord de reconnaître le traité signé par son envoyé le 25 août. Le cabinet autrichien, effrayé du danger, traite secrètement avec l'Angleterre, la Suède et la Russie.

L'ambassadeur de France est insulté à Berlin : la perte de la Prusse est jurée à l'instant. Les intentions hostiles de la Russie ne sont plus douteuses. L'Empereur reprend les armes : le 3 octobre il arrive à Wurtzbourg, le 5 à Bamberg.

Après quelques combats partiels Napoléon apprend que le prince de la Paix vient d'appeler les Espagnols aux armes par une proclamation qu'il désavoue ensuite. Vingt mille Espagnols sont sur pied; mais ils vont défendre la France sur la Baltique. Napoléon veut prévenir l'effusion du sang; à cet effet il écrit au roi de Prusse. Mais l'aveuglement de ce prince repousse les démarches de l'Empereur, et le lendemain 14, la monarchie prussienne est détruite à *Iéna*, avec son armée.

La bataille était double : à Iéna, elle est gagnée par Lannes, Lefebvre, Soult, Ney et Augereau; à six lieues d'Iéna, à Auerstaed, avec trente mille hommes, Davoust se bat contre le roi en personne, et contre quatre-vingt mille hommes, l'élite de l'armée prussienne. Davoust aura le nom d'*Auerstaed*, mais *Iéna* donnera le sien à la victoire. Les Prussiens perdent quarante mille hommes tués ou pris, deux cent soixante bouches à feu, tous leurs magasins. Les vieux compagnons d'armes du grand Frédéric, le duc de Brunswick, le maréchal de Mollendorf, sont tous blessés dangereusement et ne survivront pas à l'anéantissement de la gloire militaire de leur patrie. Le prince Henri de Prusse est aussi blessé.

Deux jours après, le maréchal Soult écrase le vieux maréchal de Kalkreuth, autre grand soldat du grand Frédéric, et le poursuit jusqu'à Magdebourg. Le même jour aussi Erfurt se rendait par capitulation; quatorze mille Prussiens sont prisonniers de guerre : de ce nombre sont le maréchal Moellendorf, mortellement blessé à Iéna, le prince d'Orange, depuis roi des Pays-Bas, et quatre généraux. Cent pièces d'artillerie et d'immenses magasins complètent, indépendamment de l'avantage de la position militaire, celui de la capitulation.

Le 18, le général Blücher, fuyant avec une troupe

échappée aux périls d'Auerstaed, est arrêté à Weissenfeld, par le général Klein. Blücher n'échappe aux Français qu'en faisant valoir un armistice qui n'existait point.

Le 28, à Preutzen, Murat et Belliard, avec dix mille hommes, désarment seize mille soldats de la garde du roi de Prusse, sous les ordres de Hohenlohe. Le 29, le général Milhaud, à la tête de quinze cents hommes, fait cinq mille prisonniers, pendant que Stettin, défendu par cinq mille soldats, se rend au général Lasalle, qui n'a que douze cents cavaliers sous ses ordres. Le général Buller désarme six mille Prussiens, et Kustrin se rend à Davoust avec quatre mille hommes et quatre-vingts pièces de canon. Le maréchal Mortier s'empare de l'électorat de Cassel. Blücher est atteint par Murat, Bernadotte et Soult, qui lui font payer cher son parjure, car ils le font prisonnier avec la garnison du Raltheau. Ces divers combats coûtèrent à la Prusse vingt mille hommes.

Le 8, Magdebourg capitule, et les Prussiens perdent dix-huit mille hommes, vingt généraux et cinq cents pièces de canon. Ney eut la gloire de cette affaire. Ainsi, en moins d'un mois, toute la Prusse est occupée. Le maréchal Mortier prend possession du Hanovre, de Brême et des duchés de Mecklembourg : jamais conquête ne fut plus complète.

L'année 1805 s'appellera encore longtemps dans nos fastes l'année d'*Austerlitz*; l'année 1806, celle d'*Iéna*; l'année 1807 va recevoir le nom de *Friedland*; et 1809 aura celui de *Wagram*.

Deux décrets sont sortis de Berlin. L'un organise les gardes nationales de la France, et prévient en quelque sorte la possibilité d'une révolution. L'autre décret, du 21 novembre, est celui du fameux *système continental*, qui déclare les îles Britanniques en état de blocus, et applique la saisie à toutes les marchandises anglaises trouvées sur le territoire de la France ou sur celui des pays qu'elle a conquis, et de ceux qui sont sous la domination de ses alliés. Ce décret va remuer le monde, et le faire conspirer contre Napoléon.

Au sein de tant de gloire, Napoléon a eu le bonheur de pouvoir se reposer des émotions de conquérant par des actions généreuses. Il avait confié le commandement civil de Berlin au prince Hatzfeld. Une lettre interceptée est remise à Napoléon, qui lui apprend que le prince instruisait le roi de Prusse des mouvements de l'armée française. Le crime était avéré, et la trahison prouvée; une commission militaire allait juger le coupable, lorsque la femme du prince vint se jeter aux genoux de l'Empereur, et lui protester que son mari est incapable d'une telle perfidie. *Vous connaissez son écriture*, lui dit Napoléon, *jugez vous-même*. La princesse lut et s'évanouit. L'état de grossesse avancée où elle était ajoutait encore au malheur de sa situation. A force de secours elle revint à elle : *Tenez, madame*, lui dit Napoléon, *cette lettre est la seule preuve que j'aie contre votre mari, jetez-la au feu.*

Cependant la Prusse s'était révoltée; mais, avant de la faire rentrer dans l'ordre, Napoléon veut punir la Russie du refus de l'armistice d'Austerlitz. Le 2 décembre, par suite de négociations entre l'empereur et le divan, la Porte déclare la guerre à la Russie. L'armée russe de la Pologne, forte de cent soixante mille hommes, est culbutée à Czernowitz. Après le combat de Pultusk, les Russes se retirent au nombre de soixante-dix mille, et vont chercher l'ennemi à *Eylau*. L'action s'engage le 6 février 1807, et trente mille hommes restent sur le champ de bataille ; la victoire reste incertaine, car les deux armées entonnent le *Te Deum*.

Les Français rejoignent les Russes le 16 février, et les battent à Bramsberg. Lefèvre s'empare de Dantzick, et le 1er juin, l'empereur y fait son entrée. Plusieurs autres combats précèdent la bataille de *Friedland*, qui a lieu le 14 juin. Dans cette journée mémorable l'empereur Alexandre perd quarante mille hommes, soixante-dix drapeaux, Kœnigsberg et toute la Silésie.

C'est après cette bataille qu'eut lieu, sur le Niémen, l'entrevue des deux empereurs et du roi de Prusse. L'espoir de ce dernier était tout entier dans la générosité du vainqueur. Napoléon signe le traité de Tilsitt, et permet au roi de Prusse de régner après avoir réduit ses Etats de moitié.

Par le traité de Tilsitt, Alexandre reconnaît Louis roi de Hollande, Joseph roi de Naples et Jérôme roi de Westphalie. Il reconnaît également les rois de Saxe et de Wurtemberg, et Napoléon pour protecteur de la Confédération du Rhin. Après mille protestations d'amitié, les souverains quittent Tilsitt le 9 juillet.

Le 29, Napoléon fait sa rentrée à Paris ; mais le 16 octobre, le roi de Suède, trompé par l'Angleterre, signe avec elle un traité offensif et défensif. Indigné de la conduite des Anglais contre le Danemark, l'empereur de Russie proscrit toute communication entre les deux Etats, jusqu'à ce que l'Angleterre ait consenti à la paix. Le 10 novembre, Alexandre embrasse le système continental imaginé par Napoléon, et l'entrée de ses ports est interdite aux Anglais.

Napoléon conservait du ressentiment contre le prince de la Paix, dont il n'avait pas oublié la proclamation. Il commence cette malheureuse guerre d'Espagne qui a été si funeste à la France.

Sous prétexte d'agir contre le Portugal, allié de l'Angleterre, il fait partir pour Lisbonne une armée commandée par Junot, et souffle la désunion entre le roi d'Espagne et son fils. L'armée française arrive le 29 novembre à vingt lieues de Lisbonne. Saisi d'effroi, le prince Jean abandonne Lisbonne, et s'embarque avec sa famille pour le Brésil. Le 30, Junot entre à Lisbonne et impose une contribution de cent millions. L'Empereur va attendre à Milan le résultat de cette invasion. Le système contre l'Angleterre se poursuit avec vigueur, et le 21 janvier 1808, tout le Rhin est déclaré soumis aux Français. Le 22, il apprend l'arrivée du prince Jean au Brésil, et il rend immédiatement un décret qui appelle aux armes quatre-vingt mille conscrits, tandis qu'un corps de troupes françaises s'établit à Rome pour déjouer les intrigues que l'on y ourdissait. Pendant ce temps, Pampelune, Figuières et Saint-Sébastien sont occupés. Charles VI fuit Séville, et abdique le 19 en faveur de son fils, après avoir fait arrêter le prince de la Paix, intriguant à la solde de Napoléon. Murat arrive à Madrid et délivre l'ex-ministre de Charles VI. Le vieux roi qui apprend cet événement proteste contre son abdication. Murat va prononcer entre le père et le fils ; mais Napoléon arrive à Bayonne le 15 avril, et c'est là que le sort de la famille royale d'Espagne doit être fixé.

Le 30 avril, Ferdinand rend la couronne à son père, qui signe aussitôt l'acte de spoliation de toute sa famille.

A la suite de toutes ces manœuvres, Joseph abandonne le trône de Naples à Murat pour monter sur celui d'Espagne, et la famille infortunée, victime de ces intrigues, est emmenée prisonnière à Valençay et à Compiègne.

La nation espagnole ne se soumit pas, comme Napoléon l'espérait, à ce changement de dynastie. Une junte provinciale s'établit à Séville, et déclara ne reconnaître d'autre roi que Ferdinand. Le Portugal suivit le même mouvement. Le 12 juillet 1808, on se bat à Medina-del-Rio-Secco, et les Espagnols sont contraints de plier. Mais le 22 du même mois Dupont capitule à Andujar, au moment où il allait se joindre au corps du général Junot. Les vaincus furent conduits aux pontons devant Cadix. Les vingt mille Espagnols au service de la France se joignent à cinq mille Anglais commandés par Wellington, et débarquent le 31 juillet en Portugal. Le 21 août, Junot résiste au choc de vingt-six mille hommes n'ayant avec lui que dix mille soldats. Un armistice est le résultat de cette affaire, et dix jours après, le même général fait capituler Cintra. De retour à Paris depuis le 14 août, Napoléon se voit obligé de lever cent soixante mille nouveaux conscrits. Il signe aussi la convention du 18 septembre, si onéreuse à la Prusse, par laquelle il laissa une armée d'occupation dans ce pays. Le 27 septembre, il réunit à Erfurth l'empereur Alexandre et tous les petits souverains allemands de sa création : les deux empereurs écrivent au roi d'Angleterre pour l'engager à conclure la paix ; mais le cabinet britannique répond que l'Angleterre ne peut prendre part à cette négociation, si l'Espagne, le Portugal et la Suède n'y sont pas admis. Cette démarche n'eut donc aucun résultat.

L'Empereur revient à Paris, et part immédiatement pour l'Espagne, où il est bientôt suivi de quatre-vingt mille hommes qui occupaient la Prusse, et qu'une concession importante faite à Erfurth vient de remettre à sa disposition. Plusieurs victoires importantes signalent son arrivée en Espagne, et il rentre dans Madrid le 5 décembre.

Le mépris avec lequel l'Autriche avait été traitée dans les conférences d'Erfurth et l'usurpation de la couronne d'Espagne devaient amener une cinquième coalition. Dès la fin de 1808, le cabinet de Vienne s'apprêtait secrètement à rompre le traité de Tilsitt. Appuyée par l'Angleterre, l'Autriche reprit les armes au commencement d'avril 1809, et elle mit cinq cent mille hommes sur pied. Napoléon n'en avait pas deux cent mille à lui opposer en Italie et en Allemagne.

L'archiduc Charles est à la tête de l'armée autrichienne : sous ses ordres commandent les archiducs Louis, Ferdinand, Joseph et Jean, et plusieurs généraux distingués.

L'armée passa l'Inn le 7 avril, et elle envahit la Bavière sans déclaration de guerre. De retour à Paris, le 4 février, Napoléon part de cette capitale le 13 avril. Les hostilités commencent le 15 près de Ratisbonne : c'est le maréchal Davoust qui ouvre la campagne à la tête des Bavarois et des Wurtembergeois. L'ennemi est battu les 20 et 21, et le 22 a lieu la fameuse bataille d'*Eckmühl*, qui immortalisa Davoust ; le 23, Napoléon remporte une victoire signalée sur l'archiduc Charles, et Ratisbonne tombe au pouvoir de l'armée française ; le 25 elle passe l'Inn, et le 28 elle rejette l'armée dans les défilés de la Bohême. Le 4 mai, elle enlève Elsberg, et le 10, au moment où Soult évacue le Portugal, Napoléon arrive de nouveau sous les murs de Vienne.

L'armée d'Italie faisait au même instant des prodiges de valeur sous les ordres du prince Eugène : elle avait battu l'archiduc Jean et passé la Piave le 8 mai. Quarante mille Russes venaient de chasser les Autrichiens de Varsovie; enfin l'empire germanique était attaqué de toutes parts.

L'Autriche se voyait encore une fois réduite à demander la paix; mais il fallait qu'elle subît auparavant l'humiliation de voir sa capitale au pouvoir des Français. Napoléon fit son entrée à Vienne le 17 mai, et c'est de cette ville qu'il date le décret qui dépouille le pape des Etats-Romains pour les réunir à la France. Une bulle d'excommunication est lancée contre l'Empereur; mais les foudres du Vatican n'ont plus le pouvoir qu'elles avaient autrefois : elles ne furent pas assez puissantes pour empêcher l'alliance des peuples de l'Allemagne avec la France, et Napoléon n'en continua pas moins ses expéditions militaires.

Le 22, la bataille d'*Essling* immortalisa le nom de Masséna. Le brave maréchal Lannes y perdit la vie, et fut pleuré de l'Empereur et de la France entière.

Le 27 mai se livre la fameuse bataille de *Wagram*, qui rend encore une fois Napoléon maître de l'empire germanique. Pour la troisième fois le cabinet de Vienne implore la paix; l'Empereur signe un armistice à Znaïm le 12 juillet.

A la même époque, Murat enlevait le pape de Rome, et faisait conduire le souverain Pontife à Savone.

Trois armées, sous les ordres des ducs de Trévise, d'Elchingen et de Dalmatie, passent le Tage le 8 août; Caulaincourt passe le même fleuve à la nage avec deux régiments de dragons, et s'empare du pont de l'Arzobispo, défendu par vingt mille Espagnols. Le 19 novembre, Mortier, à la tête de vingt-cinq mille hommes, détruit à Ocana cinquante mille Espagnols, et le 10 décembre, Augereau s'empare de la place de Gironne.

De retour à Paris, où tous les souverains de l'Europe ou leurs ambassadeurs se trouvaient réunis, à l'exception cependant de celui de l'Angleterre, l'Empereur fit proclamer son divorce avec Joséphine, sous prétexte que l'empire ne devait pas être privé d'héritier.

Napoléon laisse tomber le choix d'une nouvelle épouse sur une grande-duchesse de l'Autriche, Marie-Louise. Cette nouvelle union eut lieu le 1er août 1810, et elle semblait rendre indissoluble l'alliance de l'Autriche avec la France, et faciliter les desseins de Napoléon sur l'Angleterre.

Mais de nouveaux événements vinrent bientôt renverser les espérances de tranquillité que la France avait conçues, et replonger l'Europe dans une guerre qui ne devait se terminer que par la chute de Napoléon.

Le Brabant hollandais, la Zélande et une partie de la Gueldre venaient d'être réunis à la France.

Dix-huit mille hommes y avaient été envoyés pour soutenir le système contre l'Angleterre. La Hollande ne pouvait se passer de commerce avec cette puissance. Louis fit des représentations à son frère, et finit par lui dire qu'il aimait mieux renoncer à la couronne que de contribuer à la ruine de son peuple. Il abdique le 1er juillet 1810, en faveur de son fils; mais un décret ordonne aussitôt que la Hollande fera partie intégrante de l'empire.

Bernadotte, pendant ce temps, était proclamé héritier de la couronne de Suède, après avoir été adopté par Charles XIII.

Le 13 décembre, un sénatus-consulte ordonne la levée de soixante mille hommes pour compléter les armées de terre et de mer. Malgré les succès de nos braves, l'Espagne n'est point soumise, et la conquête de la Péninsule devient tous les jours plus incertaine. Tortose se rend cependant, le 2 janvier 1809, au maréchal Suchet; Masséna s'empare d'Oporto et d'Olivenza, et le 5 mars, Victor rejette l'armée anglo-espagnole dans l'île de Léon et bloque Cadix. Mortier s'empare de Badajoz; mais il est bientôt enveloppé par Wellington, qui contraint Masséna à évacuer le Portugal. Mais Soult, qui vient d'opérer sa jonction avec Marmont, rejette le général anglais en Portugal. Suchet s'empare de Tarragone, et reçoit en récompense le bâton de maréchal. Le nouveau maréchal remporte une victoire sur les généraux Blacke et O'Donnel, à Morveido, et se voit ainsi en possession de Sagonte; quinze jours après il fait capituler Valence.

Le 21 février, la prise de la grande et forte ville de Saragosse, où fut déployé du côté des assiégés tout ce que le fanatisme de l'indépendance peut produire de plus énergique et de plus barbare, étonne au même degré les vainqueurs et les vaincus. Attaquée par la bravoure, défendue par le désespoir, cette cité supporte vingt-huit jours de tranchée ouverte, après huit mois d'attaque, et elle se défend encore de rue en rue, de maison en maison. Chaque habitation, chaque monastère, chaque église est une citadelle qu'aucune capitulation ne peut livrer. Tous les habitants, hommes, femmes, prêtres, moines, tout combat, tout périt, et les vainqueurs prennent en gémissant possession de cette vaste enceinte de ruines fumantes et ensanglantées.

La naissance d'un prince impérial fit un moment diversion aux événements qui se passaient en Europe. Des fêtes publiques célébrèrent cet événement, et le nouveau-né reçut le titre de roi de Rome.

Après avoir terminé les affaires de l'Église, Napoléon s'occupe des préparatifs d'une nouvelle guerre, et le 21 janvier le général Friant reçoit l'ordre d'occuper Stralsund et la Poméranie, et la Prusse s'engage à protéger les opérations de la France contre la Russie, en fournissant une armée de cinquante mille hommes. Désormais Napoléon et Alexandre vont se disputer l'Europe. Le premier a pour alliées toute l'Allemagne, l'Italie, la Pologne et la Hollande; le second compte au nombre des siens la Porte, les Anglais et l'insurrection d'Espagne.

Napoléon quitte Paris le 9 mai, il arrive à Dresde le 26. L'empereur d'Autriche approuve la guerre que son gendre va entreprendre contre la Russie, et le roi de

Prusse et les souverains de la Confédération consentent aussi aux projets de l'homme tout-puissant dont les volontés alors étaient irrésistibles.

Un traité de paix est signé entre la Russie et la Porte-Ottomane à l'insu de Napoléon. Une armée considérable est déjà réunie dans la Prusse orientale. L'Empereur des Français arrive à Thorn le 2 juin, le 28 il entre dans Wilna, et la Lithuanie se réunit à la Pologne.

L'Angleterre signe, le 18 juillet, un traité avec la Suède, et le 1er août un traité de paix et d'union avec le cabinet russe ; la régence de Cadix en avait également signé un avec ce cabinet.

Le 22 juillet, Marmont avait été battu par Wellington, et cette victoire avait détrôné Joseph et livré Madrid au vainqueur.

Les différents corps de l'armée d'Allemagne se mettent en mouvement le 23 juillet, et obtiennent successivement plusieurs avantages sur l'ennemi ; ils s'emparent de Dunabourg, de Smolensk, et le 16 septembre a lieu la célèbre bataille de la *Moskowa*.

Avant d'engager le combat, Napoléon avait dit à ses soldats : « Conduisez-vous comme à Austerlitz, à Fried-
« land, à Smolensk, et que la postérité cite avec orgueil
« votre conduite dans cette journée ; que l'on dise de
« chacun de vous : Il était à cette grande bataille sous
« les murs de Moscou ! »

Trente mille Russes et quarante de leurs généraux payèrent de leur sang cette allocution guerrière de Napoléon ; mais vingt mille Français, qu'aucune gloire ne pouvait remplacer, ainsi que huit généraux, au nombre desquels se trouvaient Caulaincourt et Montbrun, eurent le même sort. Sept jours après, l'armée arriva en présence de Moscou. On ne sut que vers deux heures que les députations des autorités qui étaient désirées et attendues ne viendraient pas ; on apprit en même temps que les palais de cette vaste cité étaient déserts, et qu'elle n'avait plus pour habitants que les blessés, les malades et la plus infime population. Cependant cette ville de trois cent mille habitants, aussi vaste que Paris, renferme d'immenses magasins et va pourvoir encore mieux, par le départ de la population, à tous les besoins de l'armée.

Le général Durosnel, à la tête d'un corps de troupes, est envoyé comme gouverneur et chargé de veiller à la tranquillité publique.

Le lendemain l'Empereur se rendit au Kremlin, où il n'eut d'autres témoins de sa gloire que le silence de ce vaste monument de l'antique puissance des czars et le deuil triomphal de son armée : car dans la nuit précédente, qu'il avait passée dans un des faubourgs, les sicaires de Rostopschine avaient incendié le bazar, près de la Bourse, où étaient dix mille boutiques, et plusieurs maisons d'un faubourg éloigné.

Le général Durosnel et le duc de Trévise employèrent tous les moyens qui étaient en leur pouvoir pour arrêter l'incendie. Mais dès ce moment, si on ose le dire, commença la complicité de la nature avec la politique, à laquelle elle dévoua tous ses fléaux.

A huit heures du soir, un vent terrible propagea subitement l'incendie, et à dix heures la flamme s'éleva sur toute la ville. L'Empereur, fatigué de la journée précédente, s'était couché à huit heures. Tout le palais fut réveillé par les cris de l'armée et le fracas de la destruction des édifices. La journée suivante fut employée à sauver l'Arsenal, le Kremlin, plusieurs palais, et les hôpitaux, où gisaient les blessés et les malades russes, qui allaient être dévorés par l'incendie allumé par leurs compatriotes, sans le courage et le dévouement des Français.

Vers cinq heures du soir, l'incendie entourait tellement le palais impérial, que Napoléon, craignant que ce grand désastre ne fût combiné avec une attaque nocturne, donna l'ordre du départ. Il fut obligé de traverser les flammes pour se rendre au château de Pétroski.

Moscou expira dans un océan de feu : de douze mille maisons, cinq cents seulement furent épargnées, et de seize cents églises, un quart seulement demeura intact.

Les toits de la plupart des habitations, construits en tôle, s'échauffèrent, fondirent et fomentèrent eux-mêmes dans tous les édifices l'action du feu que des mains mercenaires avaient allumé par l'ordre du gouverneur. La flamme qui dévorait Moscou éclaira la marche de l'Empereur ; du sommet des maisons qu'elle dominait, rabattue par le vent, elle se recourbait en voûte sur sa tête.

Rien n'avait été oublié par l'ordonnateur de cette grande destruction : toutes les pompes avaient été détruites, et des brandons incendiaires avaient été amoncelés dans tous les quartiers, dans toutes les maisons, où des fanatiques alimentaient tranquillement l'incendie.

Cependant les soldats français, par les efforts que peut seule inspirer la nécessité, parvinrent à sauver du sein des décombres embrasés une quantité assez considérable de provisions en tout genre, et pendant les six jours que dura l'incendie ils trouvèrent le moyen de réparer leurs forces épuisées par une si longue marche et par leurs propres exploits.

Ce fut un spectacle nouveau que celui d'une armée victorieuse campée autour d'une ville en flammes, et soulagée par des secours conquis encore par elle sur l'incendie qui anéantissait le fruit de ses triomphes. Cette terrible scène française se passait à sept cents lieues de Paris.

Après son installation au Kremlin, Napoléon avait expédié un courrier à Saint-Pétersbourg avec des propositions de paix ; il revint sans réponse. Deux nouvelles armées allaient prendre part aux opérations du généralissime Kutusow ; elles étaient fortes de soixante mille hommes, et avaient opéré leur jonction derrière le Styr. Schwartzenberg ne leur opposait que quarante-deux mille hommes : ce général se retira sur le Berg, et y demeura dans l'inaction.

Pendant que le froid, la famine et le fer faisaient périr nos braves dans les déserts de la Russie, une conspiration éclatait à Paris. Mallet et deux autres généraux en retraite entreprirent de soustraire la France au sceptre de Napoléon. Leur projet avait déjà reçu un commencement d'exécution lorsqu'on se saisit de leurs personnes. Ils furent fusillés dans la plaine de Grenelle.

En Russie, l'armée opérait sa désastreuse retraite, qui ne fut pas sans gloire. Le prince Eugène gagnait une bataille, et l'arrière-garde repoussait l'ennemi.

Le 14, l'armée est de retour à Smolensk, mais les gelées ont rendu les chemins impraticables. Elle ne pouvait cependant séjourner longtemps dans cette ville, car chaque délai était mortel. D'un autre côté, les hommes sont asphyxiés par le froid, et meurent en marchant. Quinze jours après le départ de Moscou, l'armée était réduite à cent mille hommes.

Ce n'est qu'à Wilna que l'armée peut espérer d'être hors de danger. Réduite à quatre-vingt mille hommes, cent quatre-vingts lieues la séparent déjà de Moscou. Ces quatre-vingt mille soldats sont soutenus par le courage de Victor et d'Oudinot; mais la perte de la division Partonneaux, qui s'est égarée dans les neiges et qui a été faite prisonnière, rend le passage de la Bérésina difficile.

Les 26 et 27 novembre s'effectue ce fameux passage. Le maréchal Oudinot, à l'avant-garde, est blessé en repoussant l'armée de Moldavie; mais l'intrépide, l'illustre Ney (pourquoi a-t-il échappé à ce désastre!) a réuni à son corps celui du maréchal et celui du prince Poniatowski, et mis hors de combat Tchitschagoff. A la tête des 4ᵉ et 5ᵉ cuirassiers, le brave Doumerc enfonce six carrés d'infanterie et bouleverse la cavalerie russe. Avec quatorze mille hommes seulement, Victor contient les quarante mille que commande Wilsgenstein. La perte des Russes fut considérable. Enfin la Bérésina est franchie. Il reviendra des braves de Moscou; ils marchent sur Wilna.

Une population nombreuse de fuyards de Moscou, d'étrangers, de femmes, d'enfants, pressée, foulée, au milieu du choc des deux armées, renversée sous les fourgons, sous les caissons de l'artillerie, dépouillée par les cosaques, expirant sur la neige dans les angoisses de la mort la plus douloureuse, couvrait la plaine.

Une partie seulement de l'artillerie du maréchal Victor resta au pouvoir des Russes. L'artillerie des autres corps avait passé avec eux. L'infortune et la gloire des armes françaises sont égales.

Deux jours après, Napoléon convoqua le roi de Naples, le vice-roi d'Italie et ses maréchaux, remit en leur présence le commandement général à Murat, et partit pour Paris. Le choix du roi de Naples déplut à l'armée, qui eût préféré le prince Eugène. Les événements de la retraite prouvèrent que ses pressentiments étaient justes. Elle arriva à Wilna le 10 décembre dans l'état le plus affreux.

Le maréchal Macdonald menaçait Riga lorsqu'il fut informé de la retraite de l'armée française. Il quitta Mittau le 19 décembre, et donna ordre au général York de le suivre à une journée de distance.

Près de Tilsitt, le général Laskow voulut s'opposer au passage du maréchal; le général Bachelu le mit en déroute et lui enleva une partie de son artillerie. Le maréchal passa le Niémen le 29, et le 30 il apprit que le général York venait de capituler. Cet événement mit la rive droite de la Vistule au pouvoir des Russes, et Murat se vit forcé de transporter son quartier général à Varsovie, et de là à Posen.

D'un autre côté l'inaction de l'armée autrichienne neutralisait le mouvement de Régnier. Schwartzenberg étant resté dans la Gallicie autrichienne, Régnier et les Saxons se retiraient sur le Bug.

Au milieu de ces deux défaites, les débris de l'armée française, formant cent quarante-cinq mille hommes, reparurent sur les terres alliées; soixante-huit mille neuf cents soldats furent répartis dans les places de Dantzick, de Stettin, etc.

L'Empereur était arrivé à Paris avec le duc de Vicence. Le vingt-neuvième bulletin, qui venait d'être publié, agitait fortement les esprits, et causait une douleur difficile à peindre. Déjà dans l'ombre germaient certaines espérances.

Jamais Napoléon ne déploya autant d'activité que dans ces circonstances. La France seconda ses efforts, et deux cent cinquante mille conscrits furent mis à sa disposition.

La trahison du général York avait fait tomber Kœnigsberg au pouvoir des ennemis. Murat remit spontanément le commandement de l'armée au prince Eugène, et retourna dans ses Etats.

Le 27 janvier 1813, un traité offensif et défensif est conclu entre la Prusse et la Russie. Pendant ce temps l'Angleterre intriguait pour faire entrer l'Autriche dans la coalition, et signait un traité avec la Suède.

Le 14 février 1813, Napoléon fit solennellement l'ouverture du corps législatif, et rendit compte à grands traits des motifs et des malheurs de la guerre de Russie, de la magnanimité de l'armée française, des complots de l'Angleterre, et de ses sentiments particuliers pour la paix. « Je la désire, dit-il, elle est nécessaire au monde. « Quatre fois depuis la rupture qui a suivi le traité d'A-« miens, je l'ai proposée dans des démarches solennel-« les. » Il avait dit au sénat : « La guerre que je sou-« tiens contre la Russie est toute politique, je l'ai faite « sans animosité; j'eusse voulu lui épargner les maux « qu'elle-même s'est faits. »

Ainsi, il était avoué par Napoléon que c'était l'Angleterre qu'il était allé attaquer à Moscou, et qu'il voulait retourner la combattre sur l'Elbe et sur l'Oder.

Cependant, le prince Eugène avait employé heureusement les vingt-cinq jours qu'il resta à Posen à réorganiser la discipline et les différents services de l'armée. Bien qu'il fût en présence de l'ennemi, il trouva moyen d'armer et d'approvisionner les places, et, malgré le défaut de cavalerie, il parvint à opérer sur l'Elbe une des plus belles retraites dont l'histoire militaire fasse mention.

Il arriva le 21 février à Berlin, où il fit stationner l'armée jusqu'au 4 mars. Quelques renforts, successivement dirigés à son armée, lui permirent de tenir tête à l'ennemi, quoique celui-ci fût renforcé de toute l'armée prussienne. Il sut se maintenir, soit en avant de Magdebourg, soit en arrière sur la Basse-Saale, la droite appuyée sur les inexpugnables positions du Hartz.

Ces opérations lui donnèrent le temps d'attendre l'arrivée sur le Rhin de cette autre grande armée que Napoléon, d'un coup de son bras puissant, avait fait jaillir du sol de la patrie.

La jeune armée vit l'ennemi pour la première fois, le 29 avril, à Weissenfeld, où l'infanterie de l'avant-garde défit sept mille cavaliers russes. Le 1er mai, elle s'empare de toutes les positions dans les défilés de Poserna. Bessières perdit la vie dans cette affaire. Le lendemain, l'Empereur s'attendait à rencontrer l'ennemi à Leipsick; mais il apprit que l'armée alliée était en présence du maréchal Ney, près de Lutzen. Il alla aussitôt prendre position sur ce nouveau champ de bataille, où la nouvelle armée fit des prodiges de valeur. L'ennemi perdit dans cette journée plus de trente mille hommes.

Le 12 mai, l'Empereur fit rentrer le roi de Saxe dans sa capitale, et le même jour le prince Eugène reçut l'ordre de se rendre à Milan et de lever de nouvelles troupes en Italie.

Alexandre, auquel Napoléon avait envoyé un message, fit enfin connaître sa réponse à l'Empereur, et un armistice fut conclu le 4 juin.

Une convention fut signée à Dresde le 30 juin, et la discussion des articles fut continuée dans un congrès qui s'assembla à Prague, mais sans aucun résultat. L'armistice fut rompu le 10 août.

Irrités du refus de Napoléon de se soumettre aux conditions qu'ils voulaient lui imposer, les souverains alliés reprirent l'offensive. Leurs armées se composaient de six cent mille hommes, les forces françaises ne montaient qu'à trois cent cinquante mille.

La jonction des armées autrichienne et prusso-russe eut lieu le 13 août. Napoléon ne l'apprit que le 21, et déjà il foudroyait Blücher. Tout à coup il apprend que, par les conseils de Moreau, les alliés se dirigent sur

Dresde. Il y vole à l'instant, après avoir confié le commandement de l'armée au duc de Tarente, et le 26 il arrive dans la capitale de la Saxe. Ses dispositions sont bientôt prises, et quoique les Prussiens et les Russes soient au nombre de cent quatre-vingt-dix mille, il remporte avec soixante-cinq mille hommes seulement une victoire complète : quarante mille hommes restèrent sur le champ de bataille, et l'armée entra le même soir à Dresde. Alexandre et le roi de Prusse sont en fuite, et Moreau est puni de sa trahison en tombant sous un boulet français.

Le prince de Schwartzenberg se retirait dans la Bohême, tandis que Bernadotte battait le duc de Raguse à quelque distance de Berlin.

Le 30, Vandamme perdit six mille hommes contre l'armée combinée en voulant la poursuivre jusqu'à Ulm. De son côté, le prince de la Moskowa avait été culbuté par les masses de Bernadotte. Après de tels revers, Napoléon devait sentir le besoin de paix. Par l'influence de l'Autriche les conférences de Prague avaient été reprises, et les alliés, malgré leurs avantages, proposèrent encore la paix aux conditions que Napoléon avait refusées après les batailles de Lutzen et de Bautzen. Napoléon ne les accepta point encore, soit qu'il crût que les puissances n'étaient point sincères, soit qu'un esprit de vertige et d'erreur l'entraînât à sa perte.

Cependant le roi de Wurtemberg ne tarda pas à suivre l'exemple du roi de Bavière, qui s'était réuni aux Autrichiens. Ainsi l'armée combinée grossissait tous les jours, tandis que la trahison éclaircissait les rangs de l'armée française. Napoléon n'avait plus sous ses ordres que cent cinquante mille soldats et six cents pièces d'artillerie : ses adversaires lui opposaient trois cent quarante-huit mille soldats, soutenus par neuf cent cinquante bouches à feu.

Quoi qu'il en soit, l'Empereur n'est point épouvanté. Habitué à vaincre, il comptait encore sur son génie et sur sa fortune ; mais sa position était des plus embarrassantes. Son armée était disséminée dans l'Allemagne, ou enfermée dans les places fortes de la Vistule et de l'Oder. D'un autre côté, le maréchal Gouvion est bloqué à Dresde avec son corps d'armée et les débris de Vandamme.

Réduite à cent trente mille combattants, l'armée française attend devant *Leipsick* six colonnes de cinquante à soixante mille hommes qui se dirigent contres ses positions. Le 18 juin va éclairer ce combat de géants, autre bataille d'*Actium*, où le César moderne luttera seul contre un triumvirat de rois. Pendant sept heures, le centre et la droite de l'armée française, c'est-à-dire quatre-vingt-quinze mille hommes en repoussèrent cent soixante-dix mille.

Le maréchal Marmont, à l'extrême gauche, fut d'abord opposé au prince royal de Suède, avec lequel il fut faiblement engagé. Tout l'effort se porta contre le maréchal Ney; quarante mille hommes durent combattre contre les cent cinquante mille que commandait ce prince.

Par des miracles de valeur et d'audace les troupes de Ney résistaient aux attaques continuelles de cette masse ennemie, lorsque tout à coup les Wurtembergeois et les Saxons passent traîtreusement sous les drapeaux de l'ex-maréchal Bernadotte, et tournent contre leurs héroïques alliés soixante pièces de canon, vingt-six bataillons et dix escadrons.

Napoléon accourt en personne au secours de l'aile gauche, et avec une division de sa garde et les grenadiers à cheval il repousse également les Saxons et les Suédois.

La bataille de *Leipsick* fut donc gagnée sur la droite et sur le centre; mais elle fut perdue sur la gauche, qui fut livrée par les Saxons. Il ne restait plus dans les caissons de l'artillerie que dix mille coups de canon. Il fallut donc se diriger sur Erfurth pour y renouveler les munitions; et, quoique l'ennemi se fût retiré du champ de bataille, Napoléon ordonna le mouvement de la retraite. Elle se fit dans l'ordre le plus parfait.

Les ponts étaient passés avant le jour. Dix mille hommes d'arrière-garde descendaient encore les barrières des faubourgs pour donner le temps à l'artillerie et aux parcs de réserve de passer le grand pont, lorsque, trompé par la vue de quelques cosaques qui avaient franchi l'Elster à gué, le sous-officier, chargé de détruire le pont après l'évacuation totale de la ville, crut que l'ennemi en était déjà maître, et le fit sauter.

L'arrière-garde de l'armée, n'ayant plus de retraite, resta prisonnière, et avec elle tous les bagages et deux cents pièces d'artillerie.

Le malheureux prince Poniatowski, blessé à une brillante charge qu'il venait de faire dans les rues de Leipsick, trouva la mort en s'élançant dans le fleuve avec son cheval. Napoléon, en traversant Leipsick, avait eu la générosité d'aller consoler le roi de Saxe de la trahison de ses généraux.

Réduite à quatre-vingt-dix mille combattants, l'armée française arriva le 25 à Erfurth. Elle continua sa retraite, et le 2 novembre, elle avait repassé le Rhin.

Réunis à Francfort, les plénipotentiaires des puissances semblent poser les bases d'un traité; mais ils ne font que combiner l'invasion de la France, et publient une proclamation dont le but est de désunir les Français en les isolant de leur chef.

Arrivé à Saint-Cloud le 7 novembre, Napoléon prend toutes les mesures commandées par les circonstances. Un sénatus-consulte met trois cent mille hommes à sa disposition. Le 2 décembre, il fait déclarer par le duc de Vicence aux plénipotentiaires des armées alliées qu'il acceptait les propositions de Francfort.

Par le traité projeté, la France avait pour limites le Rhin, les Alpes et les Pyrénées; l'Espagne était rendue à son ancienne dynastie, et l'Italie, l'Allemagne et la Hollande rétablies comme Etats indépendants.

Le traité allait être signé, et Ferdinand remontait sur

le trône d'Espagne ; mais la France était déjà trahie par quelques hommes qui s'opposaient aux mesures pacifiques, et ils finirent par triompher. Napoléon ouvrit la session du corps législatif le 19 avril ; le discours qu'il prononça fit la plus vive sensation. Il déclara qu'il désirait ardemment la paix, mais qu'il ne voulait l'obtenir que par la victoire.

Une scission éclatait en ce moment au sein du corps législatif. Deux partis s'étaient formés : l'un se rattachait aux principes de 89 ; l'autre voulait conserver les emplois et les dignités, en sacrifiant celui qui avait été l'artisan de sa fortune. Un troisième parti se forma bientôt ; il avait encombré les antichambres du conquérant au temps de sa grandeur, et il s'apprêtait à profiter de ses désastres.

Napoléon, se voyant ainsi entouré d'hommes qui conspiraient contre sa puissance, trahi à la fois par les deux rois sur l'alliance desquels il eût dû le plus compter, Murat et Bernadotte, ne pouvait plus se fier qu'en son armée.

Cependant la neutralité de la Suisse venait d'être violée. Les troupes de l'Autriche et de la Prusse entouraient nos frontières.

Napoléon quitte Paris le 25 janvier, après avoir confié la régence à Marie-Louise, et le commandement de Paris à Joseph. Il établit son quartier général à Châlons-sur-Marne le 26. Ney, Mortier, Oudinot, Victor, Macdonald, Marmont commandent sous ses ordres : Soult et Suchet sont sur les frontières d'Espagne, Maison sur celles du Nord ; Augereau commande à Lyon ; Davoust et son corps d'armée sont renfermés dans Hambourg.

Le 27, Napoléon repousse Blücher près de Saint-Dizier. Il se porte ensuite sur Troyes, où il apprend que la rupture du pont de Lesmont retient Blücher à Brienne. Napoléon y vole, et attaque le château et le bourg défendus par les Prussiens et les Russes. Le combat dura jusqu'à dix heures du soir.

L'ennemi s'était retiré à Bar-sur-Aube ; l'Empereur

occupa le château de Brienne le 30. Là, il apprend que Blücher et Schwartzenberg ont opéré leur jonction. L'armée française n'est que de cinquante mille hommes de la nouvelle levée, tandis que l'armée ennemie est composée de cent mille vieux soldats. Napoléon n'en commande pas moins l'attaque ; mais il est obligé de céder aux masses qu'on lui oppose, et il se retire sur Troyes, après avoir perdu six mille hommes.

L'armée est obligée de continuer sa retraite après avoir coupé de nouveau le pont de Lesmont, que l'Empereur avait fait rétablir. Marmont, qui devait protéger la retraite, est resté sur la rive droite de l'Aube : obligé de passer la Voire à Rosnay, il est attaqué dans cette position par vingt-cinq mille Bavarois, commandés par le général Wrède. Marmont, à la tête de quelques braves, traverse ce corps l'épée à la main.

Pendant ce temps, le général Maison était obligé de se jeter sur les frontières de Flandre, ne pouvant plus résister aux efforts de Bernadotte. Eugène, à la suite de la défection de Murat, avait été réduit à se replier de l'Adige sur les bords du Mincio.

Les revers que l'Empereur venait d'éprouver l'avaient engagé à donner *carte blanche* au duc de Vicence, son plénipotentiaire au congrès de Châtillon-sur-Seine.

Ce congrès s'ouvrit le 4 février ; mais la Russie fit bientôt interrompre les négociations que l'on avait reprises par l'influence de Metternich. Sur ces entrefaites, Napoléon, victorieux de nouveau, ne voulut plus entendre parler de négociation.

Les souverains alliés décidèrent qu'il fallait marcher sur Paris par les deux rives de la Seine et les deux routes de Châlons-sur-Marne, où le général York se trouvait. Le 5, Schwartzenberg occupa Troyes.

Napoléon voulait marcher contre Blücher, qui s'était séparé de Schwartzenberg pour agir isolément sur la Marne. Arrivé à Nogent, il apprit l'évacuation de la Belgique, la marche de Blücher sur Châlons, et l'abandon de Liége par le maréchal Macdonald.

Ce fut là aussi où il reçut l'*ultimatum* par lequel les alliés exigeaient que la France rentrât dans ses anciennes limites. Le duc de Bassano et le prince de Neufchâtel lui conseillèrent de signer; mais il refusa. Il envoya cependant l'*ultimatum* à Paris, afin qu'il en fût délibéré dans le conseil privé, ne voulant pas, dit-il, assumer sur lui la responsabilité du démembrement de l'empire.

Alors Napoléon commença avec une nouvelle ardeur à prendre les mesures pour rejeter l'ennemi hors du territoire français. Il ordonna au général Bourmont de défendre le passage de la Seine à Nogent, et au maréchal Oudinot de garder le pont de Bray. Il se dirigea lui-même sur Sézanne, et, lorsqu'il y arriva, on lui apprit que Macdonald se dirigeait sur Meaux, et que Blücher continuait à marcher sur Paris. L'Empereur déboucha le 10 février à Champ-Aubert; après avoir ordonné à Marmont de se porter en avant, il tombe sur l'ennemi, et foudroie Blücher.

Le 11, il marche contre les généraux York et Sacken, qui, ayant appris la défaite de Blücher, voulaient rétrograder. Le corps de ces deux généraux est attaqué par l'avant-garde de l'armée française près de Montmirail, et, pendant le combat, Mortier arrive avec la vieille garde. L'attaque générale est alors ordonnée par l'Empereur, et les Prusso-Russes sont complétement défaits. Ils sont poursuivis jusqu'à Château-Thierry, où ils entrent pêle-mêle dans la journée du 12. Le général Mortier les empêche de couper le pont, et les chasse sur la route de Soissons.

Pendant ce temps, Marmont était repoussé jusqu'auprès de Montmirail par Blücher, qui venait de recevoir des renforts. Le maréchal prend position dans la plaine de Veauchamp, où il est bientôt rejoint par l'Empereur. L'ennemi est complétement battu, et Blücher ne s'échappe qu'à la faveur de l'obscurité. D'un autre côté, **Schwartzenberg** forçait le passage de Nogent à la tête de cent cinquante mille hommes. Il est attaqué par Napoléon, **et son armée** est mise dans une déroute complète et telle, qu'il est contraint de demander une suspension d'hostilités.

Napoléon profite de ce retour de fortune pour demander la paix à des conditions plus avantageuses que celles qui lui avaient été offertes par *l'ultimatum* du congrès. Les victoires successives qu'il venait de remporter lui donnaient le droit de prétendre à un traité avantageux ; mais la trahison décidait dans ce moment du sort de la France.

Le 20 février l'Empereur se porte sur Bray, et de là sur Nogent, tandis que cent mille soldats étrangers étaient déjà refoulés sur les bords du Rhin. Le même jour le général Sacken est repoussé à Méry-sur-Seine.

Le 23, Napoléon est sous les murs de Troyes, qu'il occupe après quelques heures de combat. Pendant ce temps, les ducs de Berry et d'Angoulême étaient à Jersey et à Saint-Jean-de-Luz, avec l'armée anglaise.

Blücher, n'ayant pu opérer sa jonction avec Schwartzenberg, marchait sur Paris par les deux rives de la Seine. Marmont et Mortier avaient été obligés de se replier sur La Ferté-sous-Jouare. L'Empereur apprend ces mouvements ; il charge Macdonald et Oudinot de contenir les Autrichiens ; mais ces deux maréchaux sont obligés de reculer jusqu'à Troyes devant les forces supérieures de Schwartzenberg. Pendant ce temps, les ennemis marchent contre Lyon, défendu par Augereau, qui devait bientôt se déshonorer par l'impéritie ou la trahison.

Alors Blücher se dirige sur Soissons, après avoir passé la Marne. Napoléon envoie l'ordre à Marmont et à Mortier de devancer Blücher à Soissons ; mais le général qui commandait cette place avait été contraint la veille d'ouvrir ses portes, et Blücher, qui était perdu sans ressources, se trouva, par cette circonstance, au milieu de ses alliés.

Le 5 mars Napoléon se porte sur Béry-au-Bac, qu'il fait enlever par le général Nansouty ; le lendemain il marche sur Laon. Le 7 on attaque l'armée russe sur les hauteurs de Craonne : après un combat sanglant qui dure jusqu'à la nuit, et dans lequel Victor, Grouchy et Nansouty sont blessés, l'ennemi est mis en fuite. Napoléon marche alors sur Laon, et rencontre l'ennemi à deux lieues de cette ville : il l'attaque la nuit, mais il ne parvient point à forcer la position élevée qu'il occupe.

Le 10, Marmont se laisse surprendre pendant la nuit, et son corps est dispersé entièrement. L'armée russe chasse de Reims le général Corbineau. Napoléon s'y rend le 13, et force le général Saint-Priest, émigré français, à lui abandonner cette ville. Le même jour, le brave général hollandais Jansen arrive avec un corps de six mille hommes, ce qui portait l'armée française à quarante mille combattants : elle avait à lutter contre l'Europe entière !

Bientôt l'ennemi entoure Paris de toutes parts. Le 16, l'Empereur donne l'ordre à Joseph d'envoyer au moindre danger Marie-Louise, son fils et les ministres au delà de la Loire. Le 20, il traverse Arcis avec les corps de Macdonald et d'Oudinot, qui se sont ralliés à lui, se porte sur la route de Troyes, et découvre devant lui toute l'armée de Schwartzenberg. Malgré les forces bien supérieures de l'ennemi, Napoléon engage le combat, et cherche une mort glorieuse au milieu de cette poignée de braves. La nuit n'arrête point les efforts des soldats, et ils combattent à la lueur des flammes qui dévorent les faubourgs d'Arcis.

Napoléon, malgré la valeur et le dévouement de ses soldats, est obligé d'ordonner la retraite sur Vitry-le-François ; mais elle s'opère d'une manière terrible pour l'ennemi. Le 24, il transporte son quartier général à Doulvent, et commande à ses troupes de marcher sur les alliés, qui occupent toutes les routes de la capitale. Le 25, par une habile manœuvre, le général Piré a séparé l'empereur d'Autriche de l'empereur de Russie. L'arrière-garde française est attaquée par des forces supérieures, et Napoléon, qui semble se multiplier et qui a retrouvé toute l'activité de sa jeunesse jointe à l'expérience des années, y vole et chasse l'ennemi ; mais trompé par le rapports de ses généraux, il n'est convaincu que le lendemain que c'est Wintzingerode et non Schwartzenberg qui marche contre lui. Il apprend aussi que ce dernier a opéré sa jonction avec Blücher dans les plaines de Châlons. Après différents combats les maréchaux Mortier et Oudinot opèrent leur retraite sur Paris, Sézanne, La Ferté-Gaucher, Meaux, Ville-Parisis.

Napoléon part en diligence de Saint-Dizier, et le 29, à dix heures du soir, il n'est plus qu'à cinq lieues de la capitale, qu'il veut sauver à tout prix ; mais il est trop tard : il apprend par le général Belliard que Paris vient de capituler. Ni Joseph, ni le ministre de la guerre n'avaient pris aucune mesure pour résister en secondant l'élan des habitants.

L'Empereur voulait marcher sur Paris ; mais il fut détourné de ce projet par la plupart de ses généraux, qui lui représentèrent l'inutilité et le danger de cette démarche. Il y renonça et envoya le duc de Vicence comme plénipotentiaire. Ce dernier y arriva au moment où les souverains alliés venaient d'y faire leur entrée. Déjà les couleurs de l'ancienne dynastie avaient été arborées.

Le 3 avril fut publié l'acte du sénat qui déclarait Napoléon déchu du trône, le droit d'hérédité aboli dans sa famille, et le peuple français et l'armée dégagés envers lui du serment de fidélité. Le duc de Vicence, accompagné de Macdonald et de Ney, remit aux souverains alliés une déclaration par laquelle Napoléon consentait à descendre du trône et à quitter la France, pour le bien de sa patrie, inséparable des droits de son fils, de ceux de la régence de l'impératrice et du maintien des lois de l'empire.

Cependant, le commandement des troupes entre Essonne et Paris était confié à Marmont ; Napoléon lui ordonna de rejoindre ses plénipotentiaires à Paris. Il se rendit donc dans cette ville, et fut admis, avec Ney, Macdonald et Caulaincourt, chez l'empereur de Russie, à une heure du matin. Alexandre les écouta avec beaucoup d'intérêt, et ajourna à midi la suite de cet entretien; mais dans cet intervalle on apprit que le corps de Marmont avait abandonné ses positions, et l'empereur de Russie déclara qu'on ne pouvait plus admettre que l'abdication pure et simple de Napoléon.

Quand l'armée de Marmont apprit la trahison de ses chefs, elle témoigna la plus grande indignation : la plupart des officiers brisèrent leurs épées, et les soldats, demeurés sans chefs, se laissèrent conduire à Mantes.

La conduite de Marmont affligea profondément l'Empereur. Il adressa, le 5 avril, à l'armée de Fontainebleau, un ordre du jour où il exposa la conduite du maréchal, ainsi que la situation des choses. Au retour des plénipotentiaires, il déclara qu'il ne voulait point exposer la France à la guerre civile, et qu'il était décidé à abdiquer. Dans le même moment, le sénat appelait au trône Louis-Xavier-Stanislas de Bourbon, frère de Louis XVI, et après lui les membres de sa famille. Les plénipotentiaires se rendirent à Paris avec l'abdication de Napoléon.

Par le traité signé le 11 à Paris, et le 13 à Fontainebleau, l'empereur Napoléon, l'impératrice et tous les membres de la famille impériale, conservent leurs titres. L'île d'Elbe est donnée à Napoléon en toute souveraineté, les duchés de Parme, de Plaisance et de Guastalla sont donnés à l'Impératrice et passeront à son fils.

Dans le temps où Napoléon traitait avec une ombre de grandeur avec les souverains, le maréchal Soult faisait de nobles adieux à la gloire militaire de la France. Après la bataille d'Orthez, il avait lentement et glorieusement dirigé sa belle retraite jusque sous les murs de la capitale du Languedoc, dont en quinze jours il avait fait un vaste camp retranché. Le 10 avril 1814, à six heures du matin, l'action s'était engagée autour de l'immense enceinte que le génie du maréchal Soult avait su fortifier sous les yeux de l'ennemi. La nuit seule avait terminé cette grande journée, où trente mille conscrits avaient lutté contre quatre-vingt mille vieux soldats. Les Français ne perdirent que trois mille six cents hommes ; du côté de

Wellington, dix-huit mille restèrent sur le champ de bataille. Le lendemain le maréchal Soult se met en marche pour le département de l'Aude, pour amener à Napoléon une de ses plus braves armées. Il ne sait pas que la grande bataille qu'il vient de donner a été dérobée à un armistice, il ne l'apprend que dans sa marche du 12 par Wellington.

Si cependant, en supposant toujours l'ignorance de l'abdication, l'armée d'Aragon, commandée par le maréchal Suchet, et dont une partie était déjà arrivée à Narbonne, eût pu se joindre, à Toulouse, à l'armée de Soult, toute la campagne de Wellington en France était anéantie. La jonction avec l'armée du maréchal Augereau se fût faite dans les Cévennes; celle du vice roi, qui était alors en marche, y eût également été réunie, et une autre France, sous les drapeaux de cent mille combattants, venait sur les bords de la Loire, et sous le commandement du maréchal Soult, réclamer celle qui était envahie et délivrer le grand prisonnier. Le destin en ordonna autrement, et le 20 avril Napoléon quitta Fontainebleau, après avoir fait en ces termes ses adieux à la vieille garde :

« Je vous fais mes adieux ; depuis vingt ans que nous
« sommes ensemble, je suis content de vous. Je vous ai
« toujours trouvés sur le chemin de la gloire. Toutes les
« puissances de l'Europe se sont armées contre moi. Quel-
« ques-uns de mes généraux ont trahi leurs devoirs, et
« la France elle-même a voulu d'autres destinées. Avec
« vous et avec les braves qui me sont restés fidèles, j'au-
« rais pu entretenir la guerre civile; mais la France eût
« été malheureuse. Soyez fidèles à votre nouveau roi ;
« soyez soumis à vos chefs, et n'abandonnez point notre
« chère patrie. Ne plaignez point mon sort, je serai heu-
« reux lorsque je saurai que vous l'êtes vous-mêmes.
« J'aurais pu mourir, mais je veux suivre encore le che-
« min de l'honneur. J'écrirai les grandes choses que nous
« avons faites : je ne puis vous embrasser tous, mais
« j'embrasse votre général. Venez, général Petit, que je
« vous presse sur mon cœur. Qu'on m'apporte l'Aigle,

« que je l'embrasse aussi! Ah! chère Aigle! puisse le
« baiser que je te donne retentir dans la postérité. Adieu,
« mes enfants, mes vœux vous accompagneront toujours.
« Gardez mon souvenir. »

Cet adieu solennel fut déchirant par l'émotion qui, pour la première fois, attendrit le visage de Napoléon devant ses soldats.

Le voyage de Napoléon ne se fit pas sans danger. Ces hordes d'assassins qui ont souillé les grandes pages de nos révolutions l'attendaient sur son passage, et, contenus par la force, leur fureur s'exhalait par des imprécations. Arrivé sur l'Isère, il eut une entrevue avec Augereau, auquel il reprocha sa conduite. Il fut accueilli par les soldats au cri de : *Vive l'Empereur!* et fut obligé de leur rappeler qu'il avait cessé de régner et que la France était gouvernée par un autre monarque. Le 5 mai à six heures du soir, il arriva à Porto-Ferrajo (ville principale de l'île d'Elbe), où il fut reçu par le général Dalesme, et bientôt rejoint par sa mère et sa sœur Pauline. Trois généraux l'avaient suivi dans son exil, Bertrand, Drouot et Cambronne.

La France venait de reconnaître le gouvernement des Bourbons; et s'il était vrai qu'ils étaient revenus à la suite des armées alliées, il est vrai de dire aussi qu'ils avaient obtenu de ces mêmes alliés une capitulation avantageuse. Mais bientôt des prétentions surannées, des concessions faites à un parti qui ne connaissait point les besoins d'un pays dont il avait été éloigné pendant plus de vingt ans, des outrages prodigués à cette armée qui avait arboré son drapeau victorieux dans presque toutes les capitales de l'Europe, devaient amener de nouvelles commotions.

Quoi qu'il en soit, Napoléon n'avait pas cessé d'entretenir des relations avec ses partisans; il résolut d'envahir la France au commencement de 1815, et il comptait, pour la réussite de ses projets, sur son alliance avec Marie-Louise, et, par suite, sur l'assistance de l'Autriche. Il fit venir des munitions de Naples et des armes d'Alger.

et avec onze cents hommes seulement il s'embarqua le 26 février 1815, à huit heures du soir, sur le brick l'*Inconstant*, qui portait vingt-six canons et quatre cents grenadiers. Six autres petits bâtiments composaient la flottille impériale.

Bientôt l'île fut perdue de vue. Excepté peut-être Bertrand, Cambronne et Drouot, personne ne savait où on allait. « Grenadiers, dit Napoléon après une heure de « route, nous allons en France, nous allons à Paris. » Le cri de : *Vive la France! Vive l'Empereur!* s'éleva dans les airs, et la joie reparut sur le front des vieux guerriers de Fontainebleau. Ainsi la Méditerranée allait rapporter encore en France celui que vingt ans plus tôt elle avait ramené d'Egypte. Mais les conséquences devaient être bien plus funestes pour Napoléon et pour la France.

Ce ne fut point sans danger que la flottille débarqua le 1er mars à cinq heures du matin au golfe Saint-Juan. Arrivé à Gap le 5, Napoléon y fit imprimer des proclamations qui furent distribuées à profusion dans toute la France. La première commençait ainsi :

« Français, la défection du duc de Castiglione livra
« Lyon sans défense à nos ennemis. L'armée dont je lui
« avais confié le commandement était en état de battre
« les corps autrichiens qui lui étaient opposés, et d'ar-
« river sur le derrière du flanc gauche de l'armée enne-
« mie qui menaçait Paris.

« Les victoires de Champ-Aubert, de Montmirail,
« Montereau, Craonne, Reims, Arcis-sur-Aube, Saint-
« Dizier, et la position que j'avais prise sur les derrières
« de l'armée ennemie, en la séparant de ses parcs de ré-
« serve, de ses convois et de tous ses équipages, l'avaient
« placée dans une situation désespérée. Les Français ne
« furent jamais sur le point d'être plus puissants, et
« l'élite de l'armée ennemie était perdue sans ressources.
« Elle eût trouvé son tombeau dans ces belles contrées
« qu'elle avait impitoyablement saccagées, lorsque la
« trahison du duc de Raguse livra la capitale et désor-
« ganisa l'armée.

« Dans ces nouvelles et grandes circonstances, mon cœur fut déchiré, mais mon âme resta inébranlable, etc. »

Le 6 mars, quarante hommes d'avant-garde, sous les ordres de Cambronne, se portèrent jusqu'à Mure, où ils rencontrèrent des troupes envoyées de Grenoble pour arrêter la marche de Napoléon, et qui se replièrent de trois lieues pour prendre position. Napoléon s'avança alors vers un bataillon du 15e de ligne qui faisait partie du corps de huit cents hommes envoyé contre lui ; et, après leur avoir adressé quelques paroles, les soldats crièrent *Vive l'Empereur !* et se rangèrent de son parti. Entre cette ville et Vizile, le 7e régiment de ligne, commandé par Labédoyère, vint doubler la force des troupes impériales.

Le lendemain il passa la revue des troupes à Grenoble. Le soir il se mit en marche pour Lyon.

Pendant cette marche triomphale de l'usurpateur, c'est ainsi qu'on l'appelait, le gouvernement de Louis XVIII prenait toutes les mesures possibles pour l'arrêter dans sa marche. Le comte d'Artois et le maréchal Macdonald étaient partis pour Lyon, et devaient marcher contre lui avec vingt-cinq mille hommes, tandis que le duc d'Angoulême, accompagné de quelques généraux, devait lui couper la retraite dans le midi. Le 10 mars, Napoléon fait son entrée à Lyon à la tête de cette même armée envoyée contre lui. Il fut reçu dans cette ville avec un enthousiasme extraordinaire. De Lyon à Paris il ne trouva plus d'obstacles, et, comme il le dit lui-même, le drapeau tricolore flotta de clocher en clocher jusqu'aux tours de Notre-Dame.

Le 19 mars, à minuit, Louis XVIII quitte le château des Tuileries, et le 20 à neuf heures du soir Napoléon entre à Paris. Le 22, il passe la revue des troupes, et leur fait jurer de défendre les aigles qu'il vient de rapporter de l'île d'Elbe. Le serment fut prêté au milieu des plus vives acclamations de la part des soldats ; mais le peuple, inquiet de l'avenir, resta silencieux.

Huit jours ne s'étaient pas encore écoulés, et déjà sept armées nouvelles s'étaient formées sous les titres d'armées du Nord, de la Moselle, du Rhin, du Jura, des Alpes, des Pyrénées et de Réserve. Des corps francs s'organisaient de tous côtés; rien n'était négligé pour fortifier l'empire et le défendre contre l'Europe coalisée. L'armée proprement dite était de deux cent mille hommes. La garde nationale organisée en trois mille bataillons, présentait une masse de deux millions d'hommes, dont cent quatre-vingt mille furent mis à la disposition du gouvernement. Murat, qui avait reconnu tardivement sa faute, résolut de profiter des mouvements de l'étranger pour envahir le royaume d'Italie; mais son armée fut détruite, et il avait cessé de régner avant que Napoléon pût l'aider de ses conseils.

La nouvelle du débarquement de Napoléon avait ébranlé de nouveau l'Europe, et tous les souverains alliés lancèrent un manifeste foudroyant contre lui. Celui-ci, avant de marcher à l'ennemi qui s'avançait contre les frontières de la France, ouvre l'Assemblée du Champ-de-Mai, où fut prêté le serment de fidélité à l'Empereur et à l'Acte additionnel. Le 7 juin eut lieu l'ouverture des chambres législatives, et le 12 Napoléon partit pour l'armée. Le 13, il était à Avesne, et le 14 il fit camper l'armée sur trois directions : la gauche, forte de quarante-trois mille hommes, sur la rive droite de la Sambre; le centre, composé de soixante-quatre mille hommes, à Beaumont, où était aussi le quartier général; et la droite, de seize mille cinq cents hommes, en avant de Philippeville. L'armée était donc de cent vingt-deux mille cinq cents hommes, et avait trois cent cinquante bouches à feu.

Napoléon avait calculé par les positions soit de l'armée de Wellington, dont le quartier général était à Bruxelles, soit de celle de Blücher, dont le quartier général était à Namur, qu'elles avaient besoin de deux jours au moins pour se réunir et opérer sur le même champ de bataille. En conséquence, il s'étudia avec succès à leur dérober ses mouvements, afin de les surprendre et de les mettre dans l'impossibilité de se secourir. Calculant de plus, avec la sagacité d'un homme supérieur, autant le caractère des deux généraux ennemis que les accidents de terrain, il jugea qu'il devait attaquer les Prussiens les premiers, et, après avoir électrisé les soldats par un ordre du jour, il se mit en marche le 15.

Les Prussiens furent repoussés dès le premier choc. Du 15 au 16, les Français franchirent la Sambre, la droite sur le pont de Châtelet, le centre sur celui de Charleroy, et la gauche sur celui de Marchiennes. Ce succès était d'autant plus remarquable que le général Bourmont était passé à l'ennemi. Le maréchal Ney reçut, dans la nuit du 15 au 16, l'ordre d'occuper à la pointe du jour, avec ses quarante-trois mille hommes, une position sur la route de Bruxelles et de Namur. Mais Ney n'ayant pu exécuter ces ordres, la bataille ne fut point décisive; elle coûta cependant aux alliés trente mille hommes et quarante pièces de canon.

Le même soir, Wellington porta son quartier général aux *Quatre-Bras*, ce qui ne serait pas arrivé si Ney avait exécuté les ordres qui lui avaient été donnés.

Dans la nuit, Ney reçut l'ordre de se porter aux Quatre-Bras et d'attaquer vivement l'arrière-garde anglaise. Le comte Lobau prit position sur le même point, par la chaussée de Namur, pour favoriser cette attaque.

Napoléon se mit alors à la tête des troupes et prit position en avant de Planchenoy. L'armée n'était plus qu'à quatre lieues de Bruxelles, et elle était disposée à marcher en deux colonnes sur cette ville. L'armée anglo-hollandaise avait établi son quartier général à Waterloo.

L'armée française se mit en mouvement le 18. Napoléon forma six lignes de ses troupes, et se décida à attaquer la gauche de l'ennemi, afin d'offrir un point de jonction à Grouchy qu'il attendait d'un moment à l'autre, et qui devait attaquer Wavres au point du jour, en achevant de détruire l'armée de Blücher, déjà réduite de trente mille hommes. L'attaque commença à dix heures et demie; mais Napoléon ignorait que le corps de Bulow venait d'opérer sa jonction à Wavres avec celui de Blücher. Malgré la résistance des ennemis, le prince Jérôme et le comte Reille enlevèrent le bois et le château d'Hougoumont. Napoléon allait donner l'ordre au maréchal Ney d'attaquer le centre; mais il aperçut des troupes dans la direction de Saint-Lembert, et il apprit que c'était l'avant-garde du corps de Bulow. L'ordre est tout de suite donné au comte Lobau d'arrêter ce corps avec dix mille hommes, aussitôt que la canonnade de Grouchy se sera fait entendre : l'Empereur croyait que Grouchy avait attaqué Wavres au point du jour et que ce maréchal se trouvait sur les derrières de Bulow. Il ne se découragea donc pas, comptant toujours sur les opérations de Grouchy.

A midi, le combat s'engage, mais particulièrement sur la gauche, les troupes de Bulow étant encore stationnaires à l'extrême droite. Napoléon ordonne à Ney de s'emparer de la ferme et du village de La Haye, afin de couper les communications des Anglais et des Prussiens: la ferme est emportée, et une division anglaise est détruite.

La déroute des ennemis était complète, et la victoire était aux Français, lorsque le corps de Bulow opéra sa puissante diversion; Napoléon apprit alors que Grouchy n'avait point exécuté ses ordres, et qu'il était encore à son camp à dix heures du matin. La canonnade s'engagea bientôt entre le corps commandé par Lobau et celui de Bulow, pendant que le comte d'Erlon, après s'être emparé de La Haye, débordait la gauche des Anglais et la gauche des Prussiens.

Le combat devint général; Bulow fut repoussé, et les Anglais abandonnèrent le champ de bataille entre La Haye et Mont-Saint-Jean. Pendant ce temps la grosse cavalerie de la garde, qui était en seconde ligne, se portait au grand trot sur le plateau. L'Empereur s'aperçut du zèle imprudent de sa réserve, et voulut la faire rappeler; mais elle était engagée, et elle fit des prodiges de valeur. Ces avantages n'équivalaient point à ceux que Napoléon en attendait. Néanmoins, à sept heures du soir, l'armée française, par d'incroyables prodiges, était restée maîtresse du champ de bataille, et la victoire avait été arrachée par soixante-neuf mille Français à cent vingt mille étrangers.

Dans ce moment on entendit dans la direction de Saint-Lembert la canonnade du maréchal Grouchy. Il n'était arrivé qu'à quatre heures devant Wavres, où il avait reçu les ordres qui lui avaient été expédiés le matin du champ de bataille. En conséquence, il détacha le général Pajol avec douze mille hommes à Limate, sur le pont de la Dyle, et pendant ce temps le maréchal attaqua Wavres. Blücher y avait couché avec ses quatre corps d'armée, dont était celui de Bulow; mais il était parti, et n'avait laissé à Wavres que le troisième corps, sous les ordres du général saxon Thielman, avec l'ordre de tenir pour masquer son départ. Cette marche de Blücher coïncida d'une manière si fatale pour l'armée française avec la marche rétrograde de Bulow et la position désespérée de Wellington, qu'elle établit la communication entre les deux armées, arrêta l'une dans sa fuite et devint le salut de l'autre. Les Français eurent alors, à la fin de cette journée, que leurs propres succès avaient rendue si pénible, à combattre contre cent cinquante mille hommes, c'est-à-dire deux et demi contre un.

L'armée française avait cru plus que jamais à la victoire par la retraite du corps de Bulow, quand elle aperçut les colonnes de Blücher. Ici commence la troisième et la dernière bataille. La garde n'était pas encore toute engagée; elle allait donner son dernier combat de héros. Napoléon faisait dire sur toute la ligne que le maréchal Grouchy arrivait : c'était l'espérance de l'armée; un quart d'heure pouvait donner le salut à tant de braves, et ce quart d'heure était nécessaire pour laisser déboucher et arriver en ligne le reste de la garde. Mais ce moment si précieux, Blücher s'en empara, en se portant avec quatre divisions sur *La Haye*, que défendait une seule division française. Cette division fut culbutée. Là, dit-on, fut entendu le cri funeste de *sauve qui peut!* là fut faite la trouée par laquelle l'innombrable cavalerie ennemie inonda le champ de bataille. En ce ce moment tout fut perdu. La nuit augmentait le désordre. Ce fut alors qu'eut lieu ce beau trait d'un général : *La garde meurt, et ne se rend pas,* dit-il en tombant percé de coups, au milieu des grenadiers. On est porté à croire que ce mot sublime, digne de d'Assas ou de Léonidas, appartient au brave général Michel, tué à Waterloo.

Napoléon dut se réfugier dans un carré de sa garde avec une partie de son état-major, qui avait mis comme lui l'épée à la main. La retraite s'opéra par de nouveaux prodiges et de sanglants sacrifices. Le feu de l'ennemi était à huit cents mètres derrière la malheureuse armée française. Les chaussées étaient rompues : un pêle-mêle général, qui entraîna Napoléon et les débris de sa garde, confondit bientôt à travers champ la cavalerie, l'infanterie, l'artillerie, les chariots et les bagages. Le désespoir de ceux qui survécurent et suivirent Napoléon sur Paris ne peut être comparé qu'à la gloire dont ils s'étaient couverts depuis le commencement de la journée jusqu'à la nuit. L'état-major gagna Jemmapes, où il voulut vainement organiser quelques moyens de défense. Les équipages de Napoléon avaient été pris. Une charrette servit à transporter la victime de **Waterloo** à Philippeville, où il monta dans une calèche avec le général Bertrand, qui ne devait plus le quitter qu'après lui avoir fermé les yeux à trois mille lieues de la France.

Le lendemain, Napoléon arriva au palais de l'Élysée. L'ostracisme l'attendait dans la capitale : il avait dû vaincre, et il revenait sans armée; aussi, il perdit tout à coup le pouvoir et jusqu'à la liberté. Les chambres se déclarèrent en permanence, et, après la plus vive discussion, elles envoyèrent à l'Empereur l'ordre d'abdiquer.

« On veut que j'abdique, répondit-il aux députés; mais
« si je le fais aujourd'hui, vous n'aurez plus d'armée
« dans deux jours. Me repousser quand je débarquais à
« Cannes, je l'aurais conçu..... Si on m'eût renversé il

« y a quinze jours, c'eût été du courage...; mais je fais
« partie maintenant de ce que l'étranger attaque, je fais
« donc partie de ce que la France doit défendre... Ce
« n'est pas la liberté qui me dépose; c'est Waterloo,
« c'est la peur. »

Comme il parlait, une foule tumultueuse affluait tout à coup dans l'avenue de Marigny, et criait : *Vive l'Empereur!* « Que me doivent ceux-ci? reprit l'Empereur « (il l'était encore); je les ai trouvés, je les ai laissés « pauvres. L'instinct de la nécessité les éclaire : la voix « du pays parle par leurs bouches, la chambre rebelle « dans une heure n'existera plus...; mais la vie d'un « homme ne vaut pas ce prix : je ne suis pas revenu de « l'île d'Elbe pour que Paris fût inondé de sang. »

Napoléon abdiqua.

Cependant les généraux français essaient de soustraire la France à une seconde invasion en cherchant à rallier les débris de Waterloo. Soixante-quinze mille hommes se réunissent sous les murs de Paris ; ce qui n'empêcha pas les alliés de s'avancer vers cette ville avec une sécurité vraiment extraordinaire. Enfin, une capitulation fut signée.

Napoléon quitta Malmaison le 29 juin; il arriva à Rochefort le 3 juillet, où il trouva toutes les issues de la mer occupées par l'ennemi. Le 8 juillet, jour où Louis XVIII faisait sa rentrée dans la capitale, Napoléon monta à bord de la frégate *la Saale*, et aborda le lendemain à l'île d'Aix.

Le 10, la croisière anglaise l'empêcha d'apareiller, et il se décida à confier son sort aux Anglais. Il fit part de sa détermination au capitaine Maitland, commandant le vaisseau *le Bellérophon*, et il se rendit à bord accompagné du général Becker. Avant d'y entrer, il adressa au général ces belles paroles : « Retirez-vous, général ; je ne « veux pas qu'on puisse dire qu'un Français est venu me « livrer à mes ennemis. »

Plein de confiance dans la loyauté des Anglais, il adressa la lettre suivante au prince régent :

« En butte aux factions qui divisent mon pays et à

« l'inimitié des plus grandes puissances de l'Europe, j'ai
« terminé ma carrière politique, et je viens, comme Thé-
« mistocle, m'asseoir au foyer britannique. Je me mets
« sous la protection de ses lois, que je réclame de votre
« A. R. comme du plus puissant, du plus constant et du
« plus généreux de mes ennemis. »

Le 16 juillet, le *Bellérophon* mit à la voile; mais arrivé à Plymouth, on fit entendre à Napoléon qu'il allait être transporté à Sainte-Hélène. Il ne voulait pas le croire d'abord. Le 30 juillet, il fut complétement désabusé : un commissaire anglais lui fit connaître la détermination du cabinet britannique. Napoléon protesta, mais cette protestation eut le sort de la lettre au prince régent, et l'hospitalité du *Bellérophon* devint la captivité sur *le Northumberland*, où il fut transféré le 16. On mit à la voile, et, trois mois après, le 18 octobre, il descendit, pour ne jamais la quitter, sur la terre meurtrière de Sainte-Hélène. Il était accompagné du petit nombre de Français qu'il lui avait été permis de s'attacher, et que le ministère britannique avait réduit aux généraux Bertrand, Montholon, Gourgaud, le comte Las Cases et les domestiques.

La haine des agents anglais poursuivit Napoléon dans son exil. La postérité jugera comme ils le méritent un Hudson-Lowe et d'autres qui hâtèrent par leur tyrannie la fin d'un homme qui avait fait trembler sur leurs trônes tous les monarques de l'Europe.

Enfin, le 15 mai 1821, il expira en jetant un dernier regard sur le buste de son fils, et en prononçant ces mots d'une voix affaiblie, mais ferme : *Tête d'armée, Mon fils, France.*

Ces trois mots résument toutes ses actions, toute sa vie, toutes ses pensées : la passion de la gloire, la sollicitude paternelle, l'amour de son pays.

FIN.

Paris. — Imprimerie Bonaventure et Ducessois, quai des Augustins.

www.ingramcontent.com/pod-product-compliance
Lightning Source LLC
LaVergne TN
LVHW051507090426
835512LV00010B/2401